Bautzen im Dazwischen

Buchreihe der Sächsischen Landesbeauftragten
zur Aufarbeitung der SED-Diktatur

Band 20

Bettina Renner

Bautzen im Dazwischen

Vom Ende der DDR zum Aufbruch in eine neue Zeit

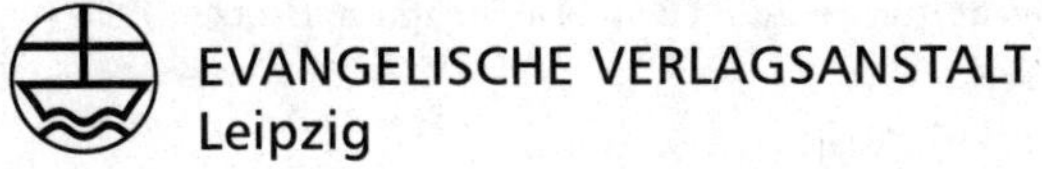

Bibliografische Information der Deutschen Nationalbibliothek:
Die Deutsche Nationalbibliothek verzeichnet diese Publikation in der Deutschen Nationalbibliografie; detaillierte bibliografische Daten sind im Internet über http://dnb.dnb.de abrufbar.

Printed in Germany

Das Buch wurde auf alterungsbeständigem Papier gedruckt.

Covergestaltung: Friedrich Lux, Halle/Saale
Coverbild: Sorbin auf Automesse auf dem Hauptmarkt in Bautzen 1990
(Foto: Rolf Dvoracek)
Satz: laut wie leise, Halle/Saale
Druck und Binden: Elbe Druckerei Wittenberg GmbH

ISBN 978-3-374-07108-1 // eISBN (PDF) 978-3-374-07109-8
www.eva-leipzig.de

Der Dokumentarfilm »Ein Teppich aus Persien« wurde mit Fördermitteln des Freistaates Sachsen (Förderrichtlinie Revolution und Demokratie) realisiert. Die Stoffentwicklung und das ursprüngliche Drehbuch wurden von der Kulturstiftung des Freistaates Sachsen und der Stadt Bautzen gefördert.

Gefördert durch die Kulturstiftung des Freistaates Sachsen. Diese Maßnahme wird mitfinanziert durch Steuermittel auf der Grundlage des vom Sächsischen Landtag beschlossenen Haushaltes.

Vorwort der Herausgeberin

Zum ersten Mal kam ich im Jahr 2018 mit dem »Teppich aus Persien« in Kontakt. Ich war Mitglied einer Expertenkommission, die die Sächsische Staatskanzlei in Fragen der historischen Ereignisse von 1989/1990 beriet und daran mitwirkte, das Förderprogramm »Revolution und Demokratie« mit Leben zu füllen. Eine wesentliche Aufgabe bestand darin, Projektanträge zu prüfen und jene Projekte auszuwählen, die eine finanzielle Förderung erhalten sollten.

Bettina Renner war mit ihrem Filmprojekt »Ein Teppich aus Persien« auch dabei. Ich erinnere mich noch gut an die Diskussionen im gewichtigen Gremium. Den meisten Beiratsmitgliedern war der Weg vom »Teppich aus Persien« bis zur Friedlichen Revolution in Sachsen recht weit und es brauchte einige Erklärungen, um eine gedankliche Brücke zu bauen. Das Projekt war allen sehr sympathisch, und nachdem die Finanzplanung etwas nachjustiert wurde, konnten die Dreharbeiten starten. Es entstand ein spannender Dokumentarfilm über Bautzen aus der Sicht seiner Bewohner. Der Film versammelte ihre Erinnerungen an das Ende der DDR bis zum Anfang der 1990er Jahre, eine Zeit der Auf- und Umbrüche.

Bettina Renner wandte sich dann im Sommer 2020 an Lutz Rathenow, den damaligen Sächsischen Landesbeauftragten zur Aufarbeitung der SED-Diktatur, mit der Bitte, Möglichkeiten zu suchen, den Film im Rahmen der schulischen Bildungsarbeit einzusetzen. Mit 119 Minuten Spieldauer widersprach der Film nicht nur deutlich den Sehvorlieben junger Leute, die eher kurze Cliplängen bevorzugen, sondern hatte auch keine unterrichtskompatible Länge.

Ich schaute mir das dennoch gern näher an, weil mir der »Geschichte-vor-Ort-Ansatz« gefiel und ich die einzelnen Interviews lebendig und interessant fand. Seit Jahren arbeitet die Behörde daran, auch DDR-Geschichte(n) jenseits der sächsischen Metropolen aufzuarbeiten und bekannt zu machen. Wir bemühen uns, beeindruckende Geschichten, die sich auch in sächsischen Kleinstädten oder auf dem Land abgespielt haben, in den Blick zu nehmen und ihnen mehr Gehör zu schenken. Die Sammlung der Bautzener Erinnerungen passte hier sehr gut in unser Konzept.

Warum nicht Lausitz statt Leipzig? Ich schlug Lutz Rathenow vor, mit Bettina Renner darüber ins Gespräch zu kommen. Vielleicht gab es die Möglichkeit, nicht den Film als solchen zu nutzen, sondern die bereits vorhandenen Interviews schriftlich zu fixieren und etwas Anderes daraus zu machen: eine Collage oder – um im Bild zu bleiben – einen Bautzener Erinnerungsteppich zu weben.

Unser erstes Gespräch war sehr lebendig und es gab viele Ideen. Neben den Porträts sollten auch andere Quellen ein möglichst vielschichtiges Bild ergeben: eine Schulchronik, diverse Theaterprogramme und viele Fotos. Nicht alles konnte umgesetzt werden. Einzelne Elemente, die uns anfangs so plausibel und fast zwingend erschienen – wie etwa eine Schulchronik –, traten bald in den Hintergrund und entpuppten sich im Entstehungsprozess mehr und mehr als Fremdkörper innerhalb der Buchstruktur. Dabei kristallisierte sich auch der Ansatz heraus, keine klassisch durchgeschriebenen Porträts nebeneinanderzusetzen, sondern die Erinnerungen der Interviewpartnerinnen und Interviewpartner inhaltlich miteinander zu verweben.

Wir erhofften uns von dieser verschränkten Struktur, die ereignisreiche Umbruchszeit etwas zu entzerren. Denn für viele lief diese wie im Zeitraffer ab und hinterließ aufgrund ihrer Schnelllebigkeit oft nur eine monolithische Erinnerungsblase. Wir wollten dieses relativ kurze Zeitfenster segmentieren und einzelne Facetten stärker sichtbar machen. Die Interviews von Bettina Renner schienen dafür prädestiniert, denn sie folgen den Stimmungsamplituden jener Zeit: sie zeigen Begeisterung, thematisieren Verluste und geben Auskunft über Hoffnungen und Enttäuschungen. Mit der Herausgabe des Buches wollten wir diesen ereignisreichen

Jahren mehr Raum geben und zugleich den Einzelerinnerungen aus einer von der Historiografie bislang wenig beachteten Region mehr Gewicht verleihen. Dabei gab es gerade in der Lausitz viel Widerstandsgeist, es gab oppositionelle Gruppen und Treffpunkte, wo Andersdenkende zusammenkamen. Und mit der »Lausitzbotin« gab es 1989 sogar eine eigene Untergrundschrift. Zeugnisse davon finden sich heute im Archiv der Umweltbibliothek Großhennersdorf, einem der drei Archive der Bürgerbewegung in Sachsen. Diese mit viel Engagement betriebenen Archive beherbergen wahre Schätze, die ein lebendiges Bild vom politischen Untergrund in der DDR zeichnen.

Doch wer weiß in Rostock, Hamm oder München davon? Mit dem Fokus auf Bautzen innerhalb der Behördenschriftenreihe wollten wir diesen Erinnerungen über Sachsen hinaus mehr Sichtbarkeit und eine größere Reichweite geben. Denn aus meiner Sicht ist das Mosaik der vielen Einzelstimmen und deren Wahrnehmung wichtig, um einen klareren und komplexeren Blick auf die Vergangenheit zu erhalten, um letztlich zu einem stimmigen Gesamtbild zu kommen.

Diesen sehr anspruchsvollen Ansatz hat Bettina Renner aus meiner Sicht hervorragend umgesetzt. Bautzen erscheint wie unter dem Brennglas und der Leser wird atmosphärisch direkt in jene rasanten Jahre mitgenommen. Er kann gegenseitige Bezüge auf diese Weise schnell erkennen, ohne bei jedem Protagonisten der gleichen Chronologie folgen zu müssen. Der Leser taucht so in ein dichtes Erinnerungsgewebe ein.

Beim Lesen merkt man, dass die Autorin nicht über irgendeinen Ort oder über irgendwelche Menschen schreibt, sondern dass das Erzählte mit ihr zu tun hat. Bautzen ist ihre Heimatstadt, unter den interviewten Menschen sind Freunde, sind ihre Eltern. Man mag mir als Herausgeberin einer Sachbuchreihe mangelnde Distanz vorwerfen, aber letztlich ging es uns bei diesem Buch nicht in erster Linie um Daten und Fakten, um die oft beschworene »historische Wahrheit«, sondern darum, gelebten Erinnerungen Raum zu geben. Denn oft sind genau sie es, die Gegenwart und Zukunft prägen. Da sie für Nachgeborene jedoch immer schwerer zu dechiffrieren sind, haben wir den Erinnerungen einige wenige Hintergrundinformationen zur Seite gestellt. Ein Glossar im Anhang erklärt einige der in den Berichten erwähnten Begriffe, informiert über genannte Personen und gibt einen Bezugsrahmen der individuellen Erzählung zur »großen Geschichte«.

Das Buch bietet zuallererst eine subjektive Sicht auf die Vergangenheit. Es ist eine Einladung, eigene Erinnerungen auszutauschen, wieder mehr miteinander ins Gespräch zu kommen, auch mit Menschen, die auf den ersten Blick vielleicht nicht unbedingt ins eigene Denkschema passen. In einer Zeit der gesellschaftlichen Spaltung, des Auseinanderdividierens, des Polarisierens und gegenseitigen Ausgrenzens, das auch in Bautzen spürbar ist, scheint mir dieses Moment des Miteinanders wichtiger denn je.

Letztlich ist das Miteinander auch ein Vermächtnis von 1989, als sich Täter und Opfer gegenüberstanden und ungeachtet ihrer Positionen gemeinsam einen Weg der Verständigung finden mussten, um eine friedliche Lösung herbeizuführen. Insofern finde ich es sehr wertvoll, dass in »Bautzen im Dazwischen« nicht nur Oppositionelle oder Aussteiger zu Wort kommen, sondern auch jemand, der das DDR-System wesentlich gestützt hat. Ich hätte mir mehr solcher Wortmeldungen gewünscht, aber anscheinend ist die Zeit dafür noch nicht reif, denn es gehört viel Mut dazu, sich ehrlich und offen zu seiner Vergangenheit zu bekennen.

Vielleicht ist das Sprechen über die Vergangenheit generell nicht einfach, denn eines ist mir beim Lesen dieser Berichte aufgefallen wie bei kaum einer anderen Publikation mit Zeitzeugeninterviews: Die Bautzener verwenden oft »man«, wenn sie eigentlich »ich« meinen. Dieses Detail und viele andere Feinheiten lassen sich in dem Buch entdecken. Sie zeichnen ein vielschichtiges Bild von der Lausitz, die vielen so nicht bekannt sein dürfte. Ein Landstrich, wo viel Eigensinn und Bürgermut steckten und noch immer stecken, wo Menschen in ihrem unmittelbaren Lebensumfeld etwas anpacken, engagiert Kulturprojekte auf die Beine stellen und Dinge in die Hand nehmen, ohne immer erst auf die »große Politik« zu warten.

In den letzten Jahren jedoch taucht Bautzen vor allem als Schauplatz rechtsextremer Gewalt in den Medien auf. Unter diesen Negativschlagzeilen leiden vor allem jene, die sich dem rechten Gedankengut engagiert entgegenstellen. Oft wurde und wird in der Berichterstattung übersehen, dass Bautzen auch bunt ist, dass es eine Reihe von Bürgerbündnissen und Institutionen gibt, die sich beispielsweise für Flüchtlinge einsetzen, die Bürgerdialoge organisieren, um Debattenkultur zu fördern und Orte für Gespräche zu schaffen. Einige dieser heutigen Aktivisten mischten sich schon in den 1980er Jahren ein, wie beispielsweise Eveline Günther, Dramaturgin des Deutsch-Sorbischen Volkstheaters, die sich heute im Bündnis »Bautzen bleibt bunt« engagiert. Auch sie wird der Leser in diesem Buch kennenlernen.

Vielleicht kann »Bautzen im Dazwischen« dazu beitragen, ein Bautzen jenseits der einseitigen Negativschlagzeilen zu entdecken. Hoffentlich macht es Lust darauf, einmal selbst nach Bautzen zu fahren, Lust auf eigene Begegnungen und direkte Gespräche.

Ich wünsche dem Buch viele interessierte Leserinnen und Leser. Es würde mich freuen, wenn es die Leser anregt, mehr über vergangene Zeiten zu sprechen, mehr zuzuhören und mehr zu fragen. Die Geschichten liegen auf der Straße. Oft haben Nachbarn, mit denen wir täglich zu tun haben, spektakuläre Dinge erlebt, von denen wir nichts wissen. Diese Geschichten, aber auch der manchmal eintönig wirkende Alltag, sind bedeutsam für uns alle, weil wir so die Herkunft der Zeit, in der wir leben, besser verstehen. Der Reflexion des Erlebten mehr Raum zu geben und Formen der gleichberechtigten Interaktion zu finden, ist aus meiner Sicht wichtig, um gesellschaftlichen Zusammenhalt zu fördern.

Ich danke Bettina Renner, dass sie sich auf den Weg gemacht hat, ihren Film in eine Buchform zu bringen und dass sie dafür eine ganz eigene Sprache gefunden hat. Ich danke allen Gesprächspartnerinnen und Gesprächspartnern für ihre Offenheit und die Bereitschaft, die eigenen Erinnerungen mit anderen zu teilen. Ich danke den Fotografen, die uns mit ihren fein beobachteten Bildzeugnissen eine visuelle Zeitreise ermöglichen. Ich danke Magdalena Ermlich und Steffi Unger fürs Korrekturlesen und ich danke allen anderen, die im Hintergrund mitgewirkt und zum Gelingen des Buches beigetragen haben.

Dr. Nancy Aris
Sächsische Landesbeauftragte

Inhaltsverzeichnis

Gespräche auf einem Teppich

Im November 2019 bauten wir auf der Probebühne im Deutsch-Sorbischen Volkstheater in Bautzen für eine Woche eine Art Filmstudio auf: Gemeinsam mit der Produzentin Eva Maria Weerts, dem Kameramann Axel Schneppat und Oliver Stahn, unserem Tonmeister, rollte ich auf der Probebühne einen Teppich aus. Nicht irgendeinen, sondern einen Teppich mit einer besonderen Geschichte, einer Geschichte meiner Familie, die neben vielen anderen in diesem Buch erzählt wird. Es ist eine Geschichte, die für viele andere steht, die von all dem unfassbar Neuen erzählt, das Anfang der 1990er Jahre auf Menschen in Ostdeutschland einströmte. Es ist eine Geschichte, die uns zum Schmunzeln bringt. Zweifelsohne ist das nicht bei allen Geschichten aus jener Zeit möglich. Die damals erlebten Umbrüche, die erfüllten Sehnsüchte und Wünsche, ließen bis dato Unmögliches Realität werden - bedeuteten aber auch Verletzungen, Demütigungen, gravierende Einschnitte in die Leben der Menschen. Eine Entwurzelung. Gut 30 Jahre später, im November 2019, haben wir Menschen aus Bautzen eingeladen, auf dem ausgerollten Teppich Platz zu nehmen und uns von ihren Erinnerungen an die Zeit Ende der 1980er Jahre bis Anfang der 1990er Jahre in Bautzen zu erzählen.

Bautzen ist meine alte Heimat – hier wurde ich geboren, hier bin ich aufgewachsen. Die Stadt und ihre Menschen haben mich als Heranwachsende geprägt, wie auch die Vergangenheit. Meine Familie ist hier zu Hause. Ich bin Jahrgang 1974, ging in den »Adolf Hennecke« Kindergarten und später auf die Polytechnische Oberschule »Adolf Diesterweg«, in eine Klasse mit erweitertem Russischunterricht. »Sprachen öffnen dir die Welt«, meinten damals meine Eltern. Tatsächlich fiel es mir leicht, Russisch zu lernen und ich wurde auf Olympiaden geschickt. Als die ersten Montagsdemonstrationen im Herbst 1989 in Bautzen stattfanden, war ich mit meinen Freunden aus der Jungen Gemeinde dabei. Ich war ein Teenager, 15 Jahre alt. Im Archiv des Bautzner Fotografen Jürgen Matschie entdecke ich 30 Jahre später eine Fotografie, auf der ich mich selbst erkenne: Mit einem strahlenden Lachen, untergehakt mit Freunden in der ersten Reihe mitmarschierend. Als in Berlin die Grenze aufging, überzeugten meine Schwester und ich unsere Eltern davon, dass wir dies live erleben müssten. Also fuhr die ganze Familie am 11. November 1989 mit dem Wartburg nach West-Berlin. Die Erinnerungen an den Stau auf der Autobahn, daran, wie mein Vater den Wartburg über ein Feld auf die B 96 navigierte – damals hatte die Autobahn keine Leitplanke. Drei Stunden später die Überquerung des Grenzüberganges, die meinen Eltern Tränen in die Augen trieb – all diese Momente haben sich fest eingeprägt und sind bis heute lebendig in Erinnerung. Wir hatten Geschichte live erlebt. Und ich bin unendlich dankbar dafür. Mein Vater ist noch heute so ergriffen von der euphorischen Begrüßung damals durch die Menschen in West-Berlin, dass ihm die Tränen kommen, wenn er davon erzählt. Es war ein wahrhaftiger Moment voller Freude. Die Begegnungen waren offen und herzlich. Mit all den anderen, die an jenem Tag aus der DDR nach Berlin-Lichtenrade rollten, wurden wir willkommen geheißen. Eine Stimmung, die ich so nie wieder erlebte. Keiner von uns. Am Ende jenes Tages stiegen wir völlig erledigt von all den Eindrücken wieder in den Wartburg und fuhren glückselig nach Hause. Ich meine, mich an ein Gefühl der Geborgenheit zu erinnern. Es war Geborgenheit, in die wir damals zurückfuhren.

Ein Jahr später flog ich mit einem Stipendium für ein Jahr in die USA und lebte mit einer ganz wunderbaren amerikanischen Familie und einem Beagle in einem kleinen Vorort von Nashville, Tennessee. Dieses eine Jahr, mein High-School-Jahr in den USA von 1991–1992, war ein prägendes Erlebnis, begleitet von einem wahrhaftigen Kulturschock. Die Abteilung für Äpfel des Supermarktes, in dem wir in

Nashville einkaufen gingen, war größer als die Kaufhalle, die ich aus Bautzen kannte. Ich sah zum ersten Mal in meinem Leben obdachlose Menschen und erlebte, was Rassismus ist. Ich besuchte Disneyworld und das Weiße Haus. Lernte Stepp-Tanz, Amerikanische Geschichte und Englisch im Südstaaten-Dialekt. Es war ein intensives Jahr, das mich am Ende mehr als 20 Kilo schwerer machte, dafür aber unheimlich frei im Kopf. Als ich nach Bautzen zurückkehrte, kannte ich den Süden der USA besser als das neue Land daheim. Vertrautes war verschwunden. Neues begann.

In so kurzer Zeit von einem gesellschaftspolitischen und wirtschaftlichen System in ein anderes geworfen: Manche hatten sich Veränderungen ersehnt, andere empfanden sie als Bedrohung. Oft vermischten sich beide Empfindungen. Jede und jeder erlebte diese Zeit ganz individuell, jede und jeder hat eine eigene Perspektive, eigene Erinnerungen. Im kollektiven Gedächtnis, im offiziellen Narrativ jener Zeit, ging allerdings die Vielfalt der Perspektiven allzu oft verloren. Unsere Geschichten und Erinnerungen sind ein Teil unserer Identität. Sie helfen uns dabei, zu erkunden, wer wir sind. Vielleicht gelingt es, im Austausch von persönlichen Erinnerungen an diese Zeit, uns unsere eigene Geschichte zurückzugeben, sie zurückzuerobern.

»Bautzen im Dazwischen« ist eine Zusammenstellung von Geschichten der Menschen, die uns im Herbst 2019 auf der Probebühne des Deutsch-Sorbischen Volkstheaters Bautzen von ihren Erlebnissen erzählten. Dieses Buch möchte inspirieren, Erinnerungen aus dieser bewegenden Zeit zu sammeln und zu dokumentieren, damit wir auch nachfolgenden Generationen ein vielschichtiges Bild jener Zeit hinterlassen können. Egal wo, ob auf einem Teppich oder am Küchentisch, bei einer Feier mit Freunden, beim Spazieren, einem Besuch der Großeltern oder bei einer ganz anderen Gelegenheit: Tauschen Sie Erinnerungen aus, dokumentieren und sammeln Sie diese, damit sie nicht verloren gehen.

Allen Beteiligten an diesem Projekt möchte ich danken. Für die Zeit, die sie dem Projekt schenkten, für ihr Vertrauen, ihre Offenheit und Aufrichtigkeit im Erzählen. Ganz besonders danke ich meinen Eltern, Brigitte und Herbert Renner, die ganz spontan ihren Teppich im Wohnzimmer einrollten und für die Dreharbeiten auf der Probebühne zur Verfügung stellten. »Wenn wir schon die Geschichte erzählen, dann doch auf dem Original«, sagte mein Vater. Gesagt, getan.

Bettina Renner

Kapitel 1: Erinnerungen an den Alltag in einem Land, das es nicht mehr gibt

Foto: Rolf Dvoracek

An einem Nachmittag im Jahr 1983 im Café Stadtwaage im Gewandhaus Bautzen.

Foto: Rolf Dvoracek

Ein Brautstrauß für Ernst Thälmann auf dem Theaterplatz in Bautzen.

Brigitte Renner
Jahrgang 1938

Brigitte Renner wächst mit ihren Großeltern und ihrer Mutter in dem Bautzener Ortsteil Seidau auf. Ihre Mutter ist alleinerziehend und kann ihr eine höhere Bildung nicht ermöglichen. Die Oberschule fördert sie, weil sie, wie es offiziell heißt »ein Kind der Arbeiterklasse« ist. Nach dem Abitur und einem zweijährigen Praktikum folgt ein Studium an der Medizinischen Fachschule in Dresden zur Medizinisch-technischen Assistentin für Mikrobiologie. 32 Jahre arbeitet sie im Hygiene-Institut Bautzen. 1992 fängt sie beruflich noch einmal von vorn an und baut ein Labor für Mikrobiologie im Bautzener Krankenhaus auf.

Meine Mutti ist für mich ein Vorbild – in vielerlei Hinsicht. In meine Kindheit rückblickend bewundere ich ihre Großzügigkeit – auch im damaligen gesellschaftspolitischen Kontext. Nie hat sie mir ihre kritische Haltung gegenüber dem DDR-Staat aufgezwungen.

Es war mein erstes Schuljahr: Wir sollten Päckchen für Familien in Polen packen. Uns wurde erzählt, dass Konterrevolutionäre dafür verantwortlich seien, dass Menschen kein Essen mehr haben und vor allem Kinder leiden. Wir sollten in das Paket nicht nur haltbare Lebensmittel, sondern auch unser Lieblingsspielzeug packen. Mein liebstes Spielzeug damals war ein kleiner Fuchs gekleidet in einem Frack und mit einem Schweif aus Fell. Immer wieder fragte meine Mutti, ob ich denn wirklich dieses mir herzensliebe Plüschtier einpacken mag. Ich wollte es unbedingt, damit ein Kind in Polen trotz Konterrevolution fröhlich sein kann. Meiner Mutti muss es das Herz gebrochen haben. Sie wusste natürlich, dass die Aktion allein dazu diente, die Solidarność zu schwächen, die von der Schule propagierte Konterrevolution war für sie der große Hoffnungsschimmer. Aber mir, ihrer siebenjährigen Tochter, ließ sie den Glauben, etwas ganz Wunderbares für ein Kind in Polen, für den Frieden und die Völkerfreundschaft, wie es damals hieß, zu tun.

Quelle: Still aus dem Dokumentarfilm »Ein Teppich aus Persien«

»Damals haben alle geschimpft. Jeder über etwas Anderes«

»Ich war im Hygiene-Institut in Bautzen in der Mikrobiologie beschäftigt und habe Untersuchungsmaterial auf Bakterien untersucht. Das hat mir großen Spaß gemacht. ›Mikrobiologie ist auch mein Hobby.‹ Das habe ich immer gesagt. Weil ich ein gutes Fachwissen hatte, hat man mich mit vielen anderen Dingen im Betrieb in Ruhe gelassen. Mich hat es aber geärgert, dass man nicht mit jedem über alles reden konnte. Warum? Weil man nicht jedem vertrauen konnte. Westfernsehen hatten wir nicht, das konnten wir nicht empfangen. Ich habe aber den Radiosender RIAS Berlin gehört, manchmal auch trotz Störgeräuschen. Reden durfte man darüber aber nicht mit jedem. Als deine Schwester klein war, wurde sie sogar im Kindergarten von der Erzieherin ausgefragt, ob wir etwas Anderes hören oder sehen als DDR-Rundfunk. Das war belastend.

Oder wie du einmal nach Hause gekommen bist und gefragt hast: ›Mutti, ist die Tante Waltraud ein Kriegstreiber?‹ Ich wusste gar nicht, was los ist. Du hast mir erzählt: ›Heute in der Schule haben wir darüber gesprochen, dass die Menschen, die im Westen wohnen, Kriegstreiber sind.‹ Da habe ich dir erklärt, dass die Tante Waltraud niemals ein Kriegstreiber sein konnte, so wie andere Menschen, die im Westen leben, es auch nicht waren. Ich kann mich auch noch an einen Elternabend in deiner Klasse erinnern: Es ging darum, dass wir Eltern für euch Solidaritäts-Geld bezahlen sollten. Dieses Soli-Geld wurde schon im Betrieb von unserem Gehalt abgezogen, auch dort sollte es erhöht werden. Da haben wir uns im Hygiene-Institut gewehrt. Und dann sagt deine Lehrerin bei dem Elternabend, dass wir Eltern nun für euch bezahlen sollen. Da habe ich gesagt, dass ich das nicht in Ordnung finde, denn ihr habt ja auch Altpapier und Flaschen beim Subbotnik abgegeben. Dafür hatte die Schule ja schon Geld bekommen für die Solidarität. Es wurde ganz still in dem Raum. Die anderen Eltern haben mich angesehen. Ich habe dann noch weitergesprochen: Dass sie euch lieber beibringen sollten, älteren Menschen zu helfen oder im Bus den Sitzplatz anzubieten, dass das schließlich auch Solidarität sei. Viele Jahre später kam die Mutti eines Schulfreundes von dir einmal zu mir und sagte: ›Ich habe Sie damals bewundert, wie mutig Sie waren. Ich habe mir das nicht getraut. Aber gedacht habe ich wie Sie.‹ Problematisches haben wir, der Vati und ich, vor euch nicht besprochen. Erst wenn ihr im Bett gewesen seid, haben wir manchmal miteinander diskutiert. Damals haben alle geschimpft und jeder auf etwas Anderes. Es wurden auch mal Lebensmittel knapp. Da merkte man, es funktioniert nicht mehr im Land. Oder es war auf Zuteilung, wie im Gemüsegeschäft: ›Ach so! Ihr habt ja auch noch eine Oma zu Hause, dann gebe ich euch fünf Apfelsinen.‹ Wir bekamen eine Apfelsine mehr vom Verkäufer, damit wir der Omi auch eine geben konnten.

Geärgert hat mich, dass das Brot beim Bäcker so billig war. Ein Vierpfundbrot kostete eine Mark und vier Pfennige. Oder die Mieten: Wir haben für unsere Wohnung 33 Mark Miete im Monat bezahlt. Meiner Schwiegermutter gehörte das Haus. Wie sollte sie als alleinstehende Frau mit so wenig Geld Reparaturen bezahlen? Ging nicht. Irgendwann musste sie sogar das Haus an den Staat abgeben.

Es gab damals den Intershop. Das war ein Laden, in dem man für Westgeld Dinge aus dem Westen kaufen konnte. Als deine Schwester klein war, hatte ich einmal ein paar Westmark. Ich bin mit ihr dort reingegangen und habe Schokolade gekauft. Hinterher war mir bange, denn Claudia fragte: ›Mutti, wieso gibt's in dem Konsum alles?‹ Tja, wie erklärt man das einem Kind?

Mit der Regierung hatten wir überhaupt nichts im Sinn. Dass die Wahlen bei uns manipuliert waren, das wusste man. Für uns stand fest, dass wir nicht wählen gehen. Die sind damals sogar in die Häuser gekommen und haben Leute abgeholt, die nicht wählen waren. Aber wir sind an solchen Tagen immer verreist, wir waren einfach nicht da.

Was schwierig war und mich belastet hat, war, als diese Ausreisewelle begann. Da haben dein Vati und ich manche Nacht zusammengesessen und darüber gesprochen, was wir nun machen sollen. Er war der Meinung, dass er uns das nicht zumuten kann, in ein Auffanglager zu gehen und nicht zu wissen, wie lang das dauert mit einer Einbürgerung. Klar hatten wir aber auch die Euphorie: Einfach raus! Darüber haben wir schon nachgedacht, aber am Ende entschieden, dass wir das nicht machen. ›Wir machen dann hier das Licht aus.‹ Das haben wir manchmal im Scherz gesagt. Das heißt: Wenn alle aus der DDR fortgegangen sind, macht der Letzte, der noch da ist, das Licht aus.«

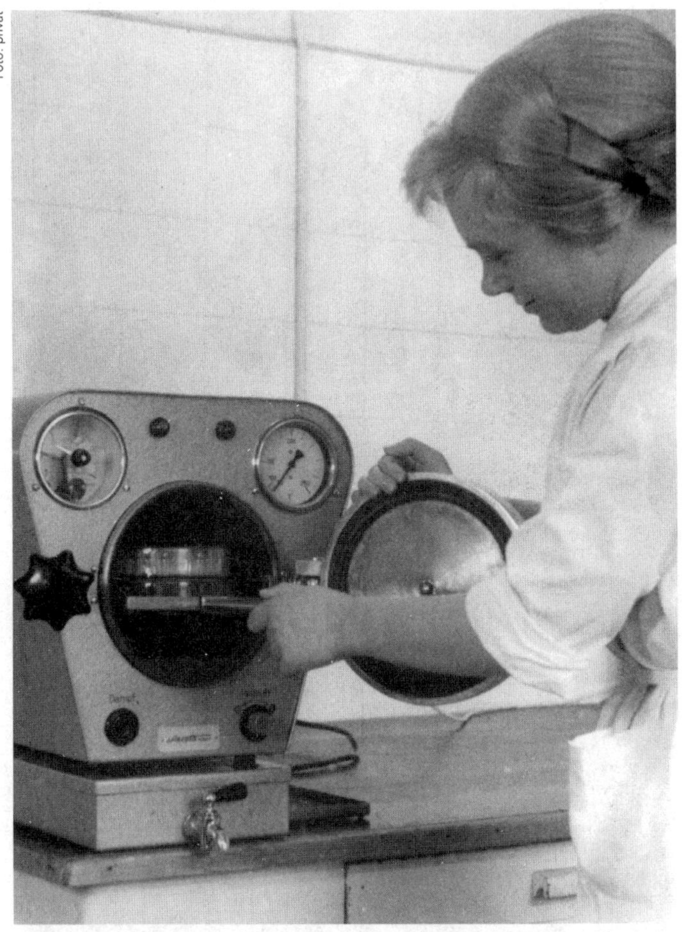

Foto: privat

Brigitte Renner als junge Frau im Hygiene-Institut Bautzen.

Foto: privat

Mit Tochter Bettina – die Kindernähmaschine brachte der Weihnachtsmann.

Ein Weihnachtspaket von einer Kollegin, die inzwischen im Westen lebte. Ein unvergessener Moment. Selbst an den Geruch können sich alle noch heute erinnern.

Foto: Mirosław Nowotny

Foto: Mirosław Nowotny

»Schlange stehen gehörte zum Alltag, das war ganz normal. Wenn besonders viele Leute standen, wusste man, es gibt etwas Besonderes. Dann hast du dich erst einmal angestellt, hast gewartet, bis jemand hinter dir ist. Dann bist du vorn fragen gegangen: Was gibt es denn?«
Brigitte Renner

Herbert Renner
Jahrgang 1941

Herbert Renner wächst mit seiner Mutter und zwei Geschwistern in Bautzen auf, seinen Vater lernt er kaum kennen. Dieser stirbt auf der Flucht nahe Rumburk, bei einem sowjetischen Bombenangriff am 9. Mai 1945, als der Krieg offiziell bereits beendet war. Nach der Schule absolviert Herbert Renner eine Steinmetz-Lehre. Die Arbeit mit Hartgestein als Steinmetz und Bildhauer wird zu seiner Leidenschaft. Zeugnisse seiner Arbeit sind noch heute in der Stadt und der Region erhalten: Grabmale, Gedenktafeln, Restaurierungsarbeiten für die Stadt Bautzen und auch künstlerische Aufträge wie die Bildhauerarbeit der Brunnenfiguren im Innenhof »An den Fleischbänken« nach Vorgabe des Bildhauers Horst Weiße. 1986 übernimmt er den Vorsitz der Steinmetz-PGH Bautzen und führt den Betrieb erfolgreich in die neue Zeit.

Mein Vater ist ein Macher – »Geht nicht« gibt's nicht für ihn. Wenn ich manchmal nicht mehr weiter weiß, denke ich genau daran. Das Haus, in dem meine Eltern heute leben, hat er selbst gebaut. Mehr als 20 Jahre hat es gedauert. Ein Nachbar, der ihn von weitem über die Jahre beobachtete, nannte ihn deshalb einmal den »ewig Bauenden«. Viele Träume hat er sich erfüllt – nur einen nicht: Als er jung war, träumte er mit seinen Freunden davon, eines Tages nach Brasilien zu reisen. Zwar sind meine Eltern viel gereist als auch ihnen die Welt offenstand, aber die Copacabana ist ein Traum geblieben.

Quelle: Still aus dem Dokumentarfilm »Ein Teppich aus Persien«

»Eine Hand wäscht die andere. Das war der Alltag«

»Ich war nicht in der Partei, ich war auch in keinem Verein. Trotzdem sollte ich die Steinmetz-PGH in Bautzen leiten. Eigentlich nur vorübergehend. Aber am Ende habe ich es zehn Jahre gemacht. Was die Materialbeschaffung angeht, so war das früher in der DDR ganz anders als heutzutage: Wir haben damals viel mit altem Material gearbeitet. Wir sind zum Beispiel auf den Trinitatis-Friedhof nach Dresden gefahren und haben dort alte Denkmäler gekauft, abgebaut und haben die Steine in unserem Betrieb bearbeitet und ihnen eine neue Gestaltung gegeben. Das Entscheidende war das Material und davon gab es nicht viel in der DDR. Es gab den Syenit, den Granit und den Lübchiner Stein, und die musste man im Steinbruch in Halle holen. Man hatte Kontingente, aber die waren gering. Da kam man nicht weit. Und dann musste man verhandeln: Gibst du mir, so geb' ich dir. Zum Beispiel brauchten die in Lübchin Schrifteisen, weil sie eine Abteilung zur Bearbeitung von Stein aufbauen wollten. Aber es fehlten ihnen die Meißel dafür. Ich wusste wiederum, dass die in Weißensee Meißel hatten. Also bin ich dort hingefahren, habe verhandelt und was rübergeschoben und so die Hartmetall-Meißel besorgt für Lübchin. Dort habe ich dafür wieder Steine bekommen. Oder beim Wolga, unserem Betriebsauto. Wenn da zum Beispiel der Motor kaputtging. Jemand hat erzählt: ›Wir kennen eine gute Wolga-Werkstatt in Halle.‹ Also sind wir nach Halle gefahren. Der Meister der Autowerkstatt dort brauchte eine Steinplatte für seine Küche. Also habe ich ihm eine Granitplatte besorgt und ich bekam von ihm einen überholten Motor für den Wolga. Und so ging das mit allen Sachen. Egal, was es war. Eine Hand wäscht die andere. Das war unser Alltag.

Man musste sich eine Strategie überlegen, damals in der DDR. Ich habe mich der Politik entzogen. Dass man nicht aneckt, nichts Falsches sagt, das war wichtig damals. Man wusste ja nie, mit wem man es zu tun hat. Man musste vorsichtig sein und man hat damit gelebt. Ich wusste auch, dass mein bester Freund, mein Jugendfreund, für die Stasi aktiv war. Wie das so war: Der hatte einmal eine krumme Sache gemacht und da haben sie ihn geschnappt und verdonnert zu solchen Sachen. Er hat es nie erzählt, aber wir haben es alle gewusst. Oder anders gesagt: Wir haben es nicht gewusst, aber geahnt. Weil sein Verhalten so war.

Eine Geschichte werde ich nie vergessen. Das Bild sehe ich noch heute vor mir: Wir hatten damals im Büroraum im Betrieb ein großes Aquarium mit Fischen und für unsere Kundschaft zwei Sessel davor. Wenn Kunden ins Geschäft kamen, haben wir uns zusammen vor das Aquarium gesetzt und sind so ins Gespräch gekommen. In meinem Betrieb hatten damals drei Leute einen Ausreiseantrag gestellt und sind fort. Und jedes Mal kamen Leute von der Staatssicherheit. Aus Berlin – so haben sie gesagt. Also habe ich mit diesen Leuten vor dem Aquarium gesessen. Sie wollten Auskünfte haben und mit mir diskutieren. Ich habe mich darauf aber nicht eingelassen, sondern immer nur gesagt: ›Gucken Sie mal die schönen Fische an.‹ Das weiß ich noch. Die konnten das gar nicht verkraften. Die wollten was wissen und ich habe nur von Fischen erzählt. Das war mein Vorteil, dass ich mich nie eingelassen habe auf diese Leute.

Nein, ich habe damals nicht den Mut gehabt, zu gehen, die Ausreise aus der DDR zu beantragen. Vielleicht hätte ich es gemacht, wenn ich alleine gewesen wäre. Aber mit Familie und zwei Kindern? Nein. Die Verantwortung war mir zu groß und ich hatte ja auch etwas geschaffen. Mit den eigenen Händen gebaut. Aus Nichts etwas gemacht. Und das soll man im Stich lassen? Das ging nicht. Da hat man zu sehr an der Scholle gehangen. Aber das war schon eine belastende Zeit: Der machte fort, der machte fort. Da dachte man schon manchmal: Sind wir dann die Letzten hier? Die, die die Tür zumachen?«

Foto: privat

Mit einem Kollegen der Steinmetz-PGH und Mitarbeitenden der Stadtgärtnerei Michaelisfriedhof Bautzen.

Foto: privat

In der Steinmetz-PGH.

Foto: privat

Eine der Restaurierungsarbeiten für die Stadt Bautzen: Das Luther- und Melanchthon-Denkmal.

Foto: privat

Im Hof der Steinmetz-PGH. Ein Denkmal für den Friedhof Kirschau.

Foto: privat

»Marktleben« – die Figurengruppe aus Granit hat Herbert Renner im Auftrag und nach dem Modell des Bildhauers Horst Weiße mit ihm umgesetzt.

Georg Kanig

Jahrgang 1940

Georg Kanig wird 1940 als zweites Kind einer Pfarrersfamilie in Etzdorf geboren. 1949 zieht die Familie nach Dresden um. Er wird Mitglied des Dresdner Kreuzchors und absolviert nach dem Abitur eine Berufsausbildung zum Eisenbahner. Danach arbeitet er als Telegraphist, Stellwerker und Fahrdienstleiter. 1964 folgt das Studium der Evangelischen Theologie an der Universität Rostock. Nach einem Jahr in einem Antiquariat in Dresden beginnt er 1973 die Arbeit mit Menschen mit Behinderungen im Martinshof Rothenburg und im Katharinenhof Großhennersdorf. Mit dem Ziel, eine Ausbildungsstätte für Heilerziehungspflege aufzubauen, absolviert er u.a. eine berufsbegleitende Ausbildung zum Facharbeiter für Krankenpflege. Ab 1975 baut er das »Seminar für Heilerziehungspflege Martinshof Rothenburg / Katharinenhof Großhennersdorf« auf, welches 1976 von der Diakonie anerkannt wird. Da Kirche und Diakonie in der DDR keine eigenen Schulen unterhalten dürfen, wurde auf den Begriff »Seminar« ausgewichen. Erst 1991 wird sie als Evangelische Fachschule staatlich anerkannt. Georg Kanig gründet verschiedene Verbände und Vereine. 1990 wird er Mitglied des Bürgerkomitees »Arbeitsgruppe Bautzen II«, welches das Gefängnis Bautzen II bis zur Schließung begleitet. Die Arbeit mit Gefangenen führt er bis heute als ehrenamtlicher Mitarbeiter und als Beiratsmitglied der JVA Bautzen fort. Neben vielen anderen Auszeichnungen wird ihm 2004 das Bundesverdienstkreuz am Bande verliehen.

»Authentisch« ist ein Wort, das im Zusammenhang mit Filmcharakteren inflationär benutzt wird. Auch Georg Kanig benutzt dieses Wort. Bei ihm ist es aber keine Floskel, sondern ein ehrliches, tief durchdachtes Adjektiv der Beschreibung eines Menschen. Für mich persönlich ist Georg Kanig authentisch, wahrhaftig. In seinen Erinnerungen ist er mit größter Sorgfalt um Wahrheit bemüht.

Quelle: Still aus dem Dokumentarfilm »Ein Teppich aus Persien«

»In einer Diktatur macht sich jeder die Hände schmutzig, mehr oder weniger«

»Ich kann erzählen, dass ich mich an Wehrmachtssoldaten erinnere und an den Einmarsch der Russen. Aber Hunger habe ich nicht erlebt. Wir lebten damals in einem Dorf und sind erst nach dem Krieg, 1949, nach Dresden gezogen. Mein Vater war in englischer Kriegsgefangenschaft in Italien. Er kam schon 1946 wieder nach Hause. Die Stadt Dresden war sehr zerstört, für uns Kinder war das natürlich schrecklich. Aber ich bin dann in den Kreuzchor gekommen und war dort bis zum Jahr 1958. Ich habe den 17. Juni 1953 in Dresden erlebt, habe gesehen, wie sowjetische Soldaten in die Luft schossen. Das war eindeutig. Ich erinnere mich auch an den Aufstand in Ungarn. Über ein kleines Radio hörte ich die Aufrufe: ›Helft uns, helft uns!‹ Seit dieser Zeit kenne ich die Ungarische Nationalhymne.

1958 habe ich Abitur gemacht und bin dann zur Eisenbahn gegangen. Tja, und dann kam der Mauerbau. Ich habe damals im sogenannten Dresdner Knoten auf verschiedenen Stellwerken gearbeitet. Dort habe ich den 13. August 1961 in der Frühschicht erlebt. Da kam einer, der eine Resolution mitbrachte. Wir sollten unterschreiben, dass nun – mit dem Mauerbau – endlich Frieden geschaffen war und wir die Sache begrüßen. Dass wir uns verpflichten, nicht mehr nach Berlin zu fahren und noch mehr arbeiten wollen. Ich war der Einzige von sechs Leuten, der das nicht unterschrieben hat. Dann kam das Duckmäusertum, das heißt, meine Kollegen kamen zu mir und sagten: ›Du musst uns verstehen. Es hilft doch nichts. Du bringst dich ja nur ins Unglück.‹

Es gibt viele Verhaltensformen in einer Diktatur: Ich kann Mitläufer sein und zu allem nicken. Das haben viele gemacht. Damit sie ihre Ruhe haben. Ich kann aber auch Formen des leichten Widerstandes wählen. Von Schwarz zu Grau zu Weiß gibt es viele Nuancen. Da muss jeder seine Richtung finden. Ich wollte kein Mitläufer sein. Ich habe nicht ein einziges Mal für die SED oder eine Blockpartei gestimmt. Ich bin zur

Wahl gegangen, damit ich meine Ruhe hatte, aber ich habe jedes Mal dagegen gestimmt, indem ich alles durchgestrichen habe. Das war ja schon ein Bekenntnisakt, wenn man durch den Raum ging, wo in der Ecke die Kabine stand. Da wusste natürlich jeder: Wenn einer dahin geht, das ist schon halber Verrat. Ich habe erlebt, wie mein Vater gar nicht wählen ging, weil er die Wahl nicht akzeptierte. Ich war zu Hause und da kamen drei Leute. Als erstes stellten die den Fuß in die Tür und fragten, wo mein Vater sei und wieso er nicht zur Wahl gegangen wäre, wieso ich ihn nicht zur Wahl geschickt habe. Das habe ich erlebt.

Aber letzten Endes haben wir alle für das System gearbeitet. Da gibt es keine weißen Westen. In einer Diktatur macht sich jeder die Hände schmutzig, mehr oder weniger. Man kann dennoch einigermaßen sauber bleiben. Ich weiß noch genau: Nach 1961 kamen Züge mit Panzern. Für die habe ich die Weichen gestellt. Oder die Züge, die mit der Kohle aus der Lausitz beladen waren. Jeden Morgen um halb sechs. Es war die allergrößte Leistung in der Nacht, wenn die sicher durchkamen nach Heidenau ins Heizwerk. Mit meiner Arbeit habe ich die DDR stabilisiert. Natürlich. Aber ich war nicht in der FDJ. Und habe dafür auch manches einstecken müssen. Ich habe mich an der Fachschule für Museumswesen beworben und da war die erste Frage: ›Wieso sind Sie nicht Mitglied der FDJ? Sie sind doch auch für den Frieden? Sind Sie loyal zu unserem Arbeiter- und Bauernstaat?‹

Ich habe geantwortet: ›Ich bin schon loyal, aber ich will überzeugt sein und ich bin noch nicht so überzeugt vom System. Aus der Nazizeit habe ich von meinen Eltern gelernt, dass die Leute, die immer nur nachlaufen, die Mitläufer, dass die das eigentliche Problem des Nationalsozialismus waren und ich will hier kein Mitläufer sein.‹ Das Ergebnis war, dass ich abgelehnt wurde, weil ich das Erziehungsziel des sozialistischen Staates nicht akzeptiere. Da können Sie heute sagen, dass das Widerstand gewesen ist. Aber wo fängt der an und wo hört er auf? Das ist ein weites Feld.

Ich habe Theologie studiert, habe in einem Antiquariat gearbeitet und bin dann zur Diakonie gegangen. Ab 1973 habe ich im Martinshof Rothenburg und im Katharinenhof Großhennersdorf gearbeitet. Das sind relativ große Einrichtungen für Menschen mit Behinderungen. Ich habe dort auch die Ausbildung zum Heilerziehungspfleger aufgebaut. Den Beruf gab es gar nicht in der DDR. Der war nur in der Caritas und in der Diakonie anerkannt. Ich bin dankbar für die Arbeit. Ich habe hingepasst zu den Menschen mit Behinderungen. Die Arbeit hat mir viel Freude gemacht.

Der Katharinenhof war ein Brennpunkt, das wusste jeder: In einem großen Saal standen 27 oder 25 Betten. Eine Badewanne und ein Waschbecken, wenn es hochkam. Manchmal war das Waschbecken auch gar nicht vorhanden. Ein Klo und daneben standen die Regale mit Töpfen, wo die behinderten Menschen dann ihre Notdurft verrichteten. Das war so. Wir konnten das nicht ändern. Wer arbeitete dort? Das waren entweder Leute aus dem Ort oder Jugendliche, die bewusst dorthin kamen, weil sie eine Nische suchten, um sich anders zu entwickeln als der Mainstream in der DDR. Ich kenne eine Reihe dieser Menschen, wie zum Beispiel den Schönfelder und den Pilz. Menschen, die in der Wendezeit in der Lausitz die Revolution in die Hand genommen haben.«

Foto: Mirosław Nowotny

Momentaufnahme in der Altstadt von Bautzen Ende der 1980er Jahre.

Jürgen Matschie
Jahrgang 1953

Jürgen Matschie wächst in einem deutsch-sorbischen Elternhaus in Spreewiese auf. Nach der Schule absolviert er eine Lehre als Werkzeugmacher, studiert und arbeitet als Technologe in Görlitz. 1979 zieht er nach Bautzen. Er geht seiner Leidenschaft nach (der Fotografie), absolviert ein Fernstudium an der Hochschule für Grafik und Buchkunst Leipzig, wird Künstler und kann ab 1988 selbstständig als Fotograf arbeiten. Er erhält Kunstpreise, ist bis heute Autor zahlreicher Ausstellungen und Publikationen. Die Lausitz – ihre Menschen und Themen – das ist sein Sujet.

Fotografinnen und Fotografen nehmen Situationen oft anders wahr, als Menschen, die Akteure sind. Die Kamera ermöglicht ihnen eine Distanz, die sie als Beobachter oft benötigen. Diese Distanz ist auch ein Schutz. Ich kannte einige der Fotografien von Jürgen Matschie, bevor ich ihn persönlich kennenlernte. Seitdem ich seine persönlichen Erzählungen aus jener Zeit und seine Selbstbeschreibung als »Chronist der Zeit« im Ohr habe, betrachte ich seine Fotografien mit einem anderen Blick.

Quelle: Still aus dem Dokumentarfilm »Ein Teppich aus Persien«

»Es war eine Zeit voller Widersprüche«

»Man hat sich arrangiert. Man hatte einen abgesteckten Lebensbereich und in dem hat man versucht, zu agieren. Soweit man durfte und soweit man konnte. Die Grenzen waren für den einen weiter, für den anderen enger. Ich habe versucht, es so weit auszureizen, wie es für mich möglich war.

Natürlich gab es Rahmenbedingungen, die einen eingrenzten. Man konnte nicht in den Westen fahren oder in den Urlaub nach Spanien. Aber man konnte in die Tschechoslowakei fahren, nach Ungarn oder nach Bulgarien. Als Studenten sind meine Frau und ich mit dem Zug nach Rumänien gefahren. Obwohl es kaum Landkarten gab und Reiseführer, haben wir uns durch das Land bewegt, sind ins Gebirge gegangen und waren am Ende der Reise in Konstanza am Schwarzen Meer. Natürlich ist heute alles einfacher. Aber wenn man wollte, konnte man damals auch. Nicht alles, aber manches.

Ich bin in einem kleinen Dorf nördlich von Bautzen aufgewachsen. Während der Armeezeit habe ich mich für das Ingenieurstudium in Bautzen beworben und auch kurz in Görlitz in dem Beruf gearbeitet. Aber ich habe dann alles an den Nagel gehangen, da mir das Fotografieren wichtiger wurde. Ich bin in Bautzen zur sorbischen Kulturarbeit gegangen und habe im Haus für Sorbische Volkskunst im Bereich Amateurfotografie und -film gearbeitet, um später einen Platz für das Fernstudium an der Hochschule für Grafik und Buchkunst in Leipzig zu bekommen. Als ich das Fernstudium beendet habe, wurde ich 1987 in den Verband Bildender Künstler der DDR aufgenommen und seit 1987/88 bin ich freiberuflicher Fotograf. Man konnte sich damals aber nicht selbst entscheiden und einfach sagen: So jetzt bin ich Freiberufler. Ich hatte Glück. Das Fernstudium, die erfolgreiche Kandidatur zur Aufnahme in den Verband Bildender Künstler der DDR – erst dann konnte ich den Antrag auf Freiberuflichkeit beim Rat des Kreises stellen. Aufgrund meiner Verbandsmitgliedschaft haben sie das genehmigt, ich habe eine Steuernummer bekommen und ein Jahr später eine kleine Karte, auf der stand, dass ich als freiberuflicher Fotograf arbeite und die Honorarordnung der Journalisten verwenden darf. Die Karte habe ich heute noch.

Es war eine Zeit voller Widersprüche. Das Ende der 1980er Jahre empfand ich als Agonie. Die Diskrepanz zwischen dem offiziell Gesagten und der Realität, die ganzen Losungen, Parteitage, Direktiven, die herauskamen. Und jeder sah in der Realität, dass es so nicht aufgeht, dass die Städte zerfallen, dass die Wirtschaft zwar nicht gerade am Boden liegt, aber vieles desolat ist.

Ich habe mir Freiräume gesucht. Zum Beispiel am 1. Mai, egal ob im Studium oder später im Betrieb. Natürlich war angesagt, dass alle zur Kundgebung gehen. Aber ich habe es immer so eingefädelt, dass ich mich zwar am Stellplatz gemeldet habe, aber dann gesagt habe: ›Ich gehe mal schon fotografieren.‹ Oder: ›Ich habe ein Kind auf dem Arm und gehe schon einmal vor.‹ So dass ich nie mitgelatscht bin. Und so hat jeder versucht, eine Ausrede zu haben. Dass er es zum Beispiel im Rücken hatte, damit er ja keine Fahne tragen musste oder ein Plakat in die Hand bekam. So hat jeder seine Strategie gehabt, um mitzumachen und trotzdem nicht mitzumachen.

Die Freiberuflichkeit war für mich ein Segen. Man hat versucht, sich eine Meinung zu bilden, zwischen den Zeilen gelesen, und wusste, was gemeint war und kritisiert wurde. Ich habe ›Sinn und Form‹ gelesen oder den ›Sonntag‹. RIAS Berlin und Deutschlandfunk hat man auch konsumiert.

›Bleibt die Altstadt eine Wohnstadt?‹ das war 1981 ein Zeitungsartikel in der Sächsischen Zeitung. Ich habe die Überschrift genommen und den Zerfall der Altstadt in Bautzen fotografisch dokumentiert. Daraus ist eine Mappe entstanden, die heute im Museum in Bautzen liegt. Als ich damals die Bilder in der Bautzener Foto-Gruppe vorlegte, sagten die anderen: ›Das kannst du doch nicht machen! Da sind doch gar keine Leute drauf zu sehen.‹ Es war schon immer meine Arbeitsweise, Bilder zu machen, die die Zeit einfangen, die auch mit mir und meinen Problemen zu tun haben. Das war und ist meine Auseinandersetzung mit meiner Umwelt, der Gesellschaft. Auch um Dampf abzulassen, von mir aus.

Ich habe 1985 mit Cottbussern ein Projekt über den Braunkohlebergbau gestartet: Mit der Kohle, von der Kohle und in der Kohle leben. ›Mensch, Bergbau, Landschaft‹ war dann der Titel der Ausstellung. Das habe ich über drei Jahre organisiert. In einer Zeit, in der keiner daran gedacht hat. Ich habe auch die Genehmigung bekommen, mit anderen in den Tagebau zu gehen, um zu fotografieren. Ich habe immer das gemacht, was mich interessierte. Natürlich gab es auch Vorgaben, aber ich habe versucht, die Vorgaben so auszulegen, dass für mich etwas Freiraum herausspringt. Das Thema ›Abbaggerung der Dörfer‹ wurde zum Beispiel gar nicht öffentlich diskutiert. Wir haben trotzdem eine Ausstellung dazu gemacht. Und der Sorbenbeauftragte vom Rat des Bezirks Cottbus hat uns dabei geholfen. Also man konnte diese Leute damals auch mit einbinden.«

Quelle: Stadtarchiv Bautzen 68011-174

Parade zum 1. Mai 1985 in Bautzen. Ausschnitte aus einem Film (ohne Ton) der Filmgruppe des VEB Waggonbau Bautzen.

Eveline Günther

Jahrgang 1957

Eveline Günther wächst in Dresden auf und absolviert nach dem Abitur ein Studium der Theater- und Filmwissenschaften sowie der Bohemistik, ein Studium der tschechischen Sprache und Literatur, an der Philosophischen Fakultät der Karlsuniversität in Prag und schließt in den Fächern Theater- und Filmwissenschaft mit Diplom ab. Seit 1982 arbeitet sie am Deutsch-Sorbischen Volkstheater Bautzen als Schauspieldramaturgin. 1991 wird sie Gastdramaturgin in Brno und ist seit 1992 als geschäftsführende Dramaturgin die Leiterin der Dramaturgie am Deutsch-Sorbischen Volkstheater in Bautzen. Sie konzipiert außerdem Reihen und Matinee-Veranstaltungen und übersetzt Theaterstücke.

Es ist nicht leicht, Eveline Günther am Telefon in ihrem Büro zu erwischen. Warum? Weil sie immer im Haus unterwegs ist. Doch sie ist verlässlich, vergisst keine Anfrage. Nach einem Gespräch mit ihr bin ich immer heiter gestimmt. Ihr Humor und ihre positive Energie wirken ansteckend. Als sie mir das erste Mal von der Initiative der Bautzener Theaterdramaturginnen erzählte, die im Jahr 1989 Frauen aus Bautzen und der Umgebung ins Theater einluden, um gemeinsam zu besprechen, wie sie sich eine neue Zukunft vorstellten, war ich erstaunt, wie vorausschauend und kämpferisch Frauen damals in Bautzen waren.

Quelle: Still aus dem Dokumentarfilm »Ein Teppich aus Persien«

»Damals musste man zwischen den Zeilen lesen. Und das konnten die Leute«

»Das Eindrücklichste dieser Zeit? Das war so eine wahnsinnige Zeit. Ich hatte damals im Theater das Gefühl, du wirst gebraucht. Theater als Lebensmittel, das war so mein Eindruck. Das war toll. Man merkte plötzlich: Da, wo sonst Stille und Schweigen herrschten, kam Unruhe, ja Aufruhr auf. Dass so etwas möglich war, das war toll.

Das klingt jetzt vielleicht etwas salopp, aber wir hatten uns vorher immer gesagt: ›Das Theater ist im Lager die bequemste Baracke.‹ Klingt gemein, heißt aber, im Theater hatte man gewisse Freiheiten. Für jedes Stück, das wir spielen wollten, musste eine Begründung geschrieben werden und die wurde dann an verschiedenen Stellen gelesen. Daran kann ich mich noch gut erinnern. Und da haben wir dann oft die Methode »Fetter Elefant« gemacht, das heißt, ein Stück beantragt, wo klar war, dass die uns das nie genehmigen. Aber wenn sie das ablehnen, dann genehmigen sie das kleinere Übel und das war dann das Stück, welches wir eigentlich spielen wollten. Das musste man lernen: so zu schreiben, dass das klappt.

Schon lange vor der Zeit Gorbatschows hatten wir einen Spielplan, der die Leute ansprach. Plenzdorf zum Beispiel haben wir gespielt. ›Die Legende von Paul und Paula‹, ein Stück in dem die Stasi vorkam. Dann geschah Tschernobyl und es gab ein tolles sowjetisches Stück, ›Sarkophag‹ hieß das und war in der DDR verboten. Das haben wir trotzdem beantragt, es aber nicht genehmigt bekommen – dafür aber haben wir die Uraufführung von ›Infarkt‹ von Joachim Walther genehmigt bekommen, das bisher auch verboten war. Und so haben wir versucht, uns über den Spielplan zu artikulieren und die Leute haben es goutiert und sind ins Theater geströmt.

Im Theater konntest du dich austauschen. Das konnte man damals an keinem anderen Ort mit so einer Masse an Leuten. Klar, jeder und jede konnte Christa Wolfs ›Kassandra‹ lesen und alles begreifen. Aber man war dann eben alleine mit dem Buch. Wenn du sowas im Theater gespielt hast, saßen dort

400 Leute um dich herum, die vielleicht ähnlich empfunden haben. Und das ist ein tolles Gefühl und macht auch mutiger. Wie zum Beispiel in den Diskussionen bei der Inszenierung ›Die Diktatur des Gewissens‹. Das Publikum in Bautzen war wunderbar. Die haben alles begriffen. Damals musste man zwischen den Zeilen lesen und das konnten die Leute. Heute musst du direkt mit dem Holzhammer die Sachen herausbringen, wenn du die Zuschauer erreichen willst.

Als dann Gorbatschow an die Macht kam und diese Welle sowjetischer Perestroika-Stücke aufkam, wie zum Beispiel von Schatrow, der die sowjetische Geschichte aufarbeitete und plötzlich auch die Stalin-Zeit beleuchtete, da ist unser damaliger Intendant Liljeberg mit uns Dramaturginnen auf diesen Zug aufgesprungen. Aber sofort kam Gegenwind aus Berlin: ›Wenn der Nachbar seine Wohnung renoviert, muss man seine eigene nicht auch gleich tapezieren.‹ Das war ein Zitat von Kurt Hager.

In Schatrows ›Diktatur des Gewissens‹ sind in unserer Inszenierung die Schauspieler mit Mikrofonen ins Publikum gegangen und haben die Leute gefragt, was sie so denken. Ob sie sehen, was sie hören. Da konnten die Leute das erste Mal öffentlich ihre Meinung sagen. Manche sind auch ängstlich zurückgeschreckt. Manche waren direkt empört und böse. Ich weiß noch, einer sagte dann: ›Was soll ich denn hier sagen? Rechts neben mir sitzt mein Parteisekretär und links mein Betriebsleiter.‹ Ich erinnere mich an ›Revisor oder Katze aus dem Sack‹ von Jürgen Groß – Uraufführung im Januar 1989 in Bautzen. Das war toll! Unser Fotograf Miroslaw Nowotny und ich, wir haben immer gerne rumgebastelt. Für dieses Stück haben wir uns ein Programmheft ausgedacht, das aussah wie eine Geheimakte. Wir haben eine Akte kopiert und ›Nur für den Dienstgebrauch‹ und ›Streng geheim‹ drauf gedruckt. Ich habe dann fiktive Satiretexte geschrieben. Ich habe mich als Karl Mager ausgegeben und mich aufgeregt, dass das Theater das Stück in den Spielplan aufgenommen hat. Und das im 40. Jahr der DDR! Das sei nicht der beste Beitrag zum

Jahrestag und noch dazu von einer Berliner Regisseurin, die ausgerechnet in Bautzen das Stück inszeniert. Ein Stück, in dem das sozialistische Menschenbild nicht genügend gewürdigt wird. Und so weiter. Dann habe ich einen fiktiven Leserbrief geschrieben, in dem sich Rentner beschweren, dass sie viel lieber Operetten sehen möchten und nicht diese zeitgenössischen Stücke. Und dann haben wir aus der Presse Mitteilungen zusammengestellt, zum Beispiel ›Aggressivität im Straßenverkehr nimmt zu‹. Und auf der letzten Seite waren wir dann besonders frech: Miroslaw hat alle Dreckecken der Stadt Bautzen fotografiert. Es sah damals in Bautzen schlimm aus. Dazu die Schlangen vor den Läden, denn überall musste man ja anstehen. Und dann haben wir über die Fotocollagen geschrieben: ›Umfangreiche Baumaßnahmen‹ oder ›Zahlreiche Bauzäune sichern das Baugeschehen‹ – dem war ja nicht so. Um die baufälligen Häuser in der Altstadt wurden Absperrungen errichtet, damit den Leuten nichts auf den Kopf fiel. Gebaut wurde nicht – nur auf den Verfall gewartet. Das war schon eine ziemlich scharfe Nummer damals, die wir uns trauten.

Für das Stück selbst wurden zwei Uniformen gebraucht und die mussten wir uns borgen: Eine Polizeiuniform und eine für die Rolle des NVA-Offiziers. Die Uniform des Polizisten hat unser Intendant gegen ein Faschingskostüm für den Bautzener Polizeichef und dessen Frau bekommen. Die Armeeuniform hat uns ein freundlicher Offizier über die Offiziershochschule Kamenz geliehen.

Dann hatte aber Innenminister Dickel, also der oberste Polizeichef, mitbekommen, dass da was läuft in Bautzen. Er hat einen Kurier geschickt und das Programmheft angefordert. Das wurde dann mit dem Auto direkt nach Berlin gefahren. Ja, wirklich! Er wollte wissen, ob die Polizei im Theater verunglimpft werden soll. Danach wurde zwar das Programmheft genehmigt, aber die Uniform des Polizisten wurde eingezogen. Und plötzlich hatten wir zur Generalprobe nur noch die Armeeuniform, der andere Kollege musste nun Zivil tragen. Er bekam einen Trenchcoat und hatte zwei Walkie-

Talkies einstecken. Der Intendant hat dann zwar noch die übergeordneten Stellen gewarnt: ›Leute, das sieht ja wie Stasi aus, wenn der Polizist nun keine Uniform trägt.‹ Trotzdem bekamen wir die Uniform nicht zurück und es war am Ende viel besser. Er betrat die Bühne im Trenchcoat und sprach in sein Gerät und alle haben gewusst: Der ist nicht von der Polizei – das war die Stasi. Die Reaktionen auf das Stück waren so toll, dass man zum ersten Mal für Theaterkarten bei der Kosmetik eher drankam. Mein Mann hat den Trabi repariert gekriegt auf Termin und ohne Ersatzteilprobleme, weil wir Karten für die Werkstatt besorgt hatten. Die Leute haben sich um Karten gerissen. Es gab allerdings ein Problem: Man durfte diese kritischen Inszenierungen nicht zu oft spielen. Da hatte die SED-Kreisleitung etwas dagegen. Und da hat uns Lothar Müller, der damalige Vorsitzende vom Rat des Kreises, der sich später auch am Runden Tisch ganz kooperativ zeigte, einen Tipp gegeben. Er sagte: ›Im Theater werden doch manchmal Sänger krank …‹ – Also wurden ab dann recht oft Sänger krank und als Ersatz spielten wir ›Diktatur des Gewissens‹ oder den ›Revisor‹ und so haben wir es mit diesem Trick geschafft, dass wir viele Zuschauer in Bautzen in die Stücke hineinbekamen.«

DEUTSCH-SORBISCHES VOLKSTHEATER BAUTZEN – DEUTSCH-SORBISCHES VOLKSTHEATER BAUTZEN – 1988/4

DIKTATUR DES GEWISSENS

MICHAIL SCHATROW

EINIGT EUCH – PROLETARIER ALLER LÄNDER, VEREINIGT EUCH – PROLETARIER ALLER

Haben wir es mit Ammenmärchen zu tun?

Übermäßig viel Platz wird der politischen Agitation über alte Themen – dem politischen Wortgeprassel – eingeräumt. Viel zuwenig Platz wird dem Aufbau des neuen Lebens eingeräumt, dem immer neuen Tatsachenmaterial darüber …

Mehr Ökonomisches. Aber Ökonomisches nicht im Sinne „allgemeiner“ Auslassungen und gelehrter Abhandlungen, intelligenzlerischer Pläne und ähnlichem Gewäsch, das leider nur zu oft eben nichts anderes ist als Gewäsch. Nein, wir brauchen Ökonomisches im Sinne des Sammelns, sorgfältigen Prüfens und Studierens des Tatsachenmaterials aus dem Aufbau des neuen Lebens, wie er sich in Wirklichkeit vollzieht. Gibt es in den großen Fabriken, den landwirtschaftlichen Kommunen, den Komitees der Dorfarmut, den lokalen Volkswirtschafträten wirkliche Erfolge beim Aufbau der neuen Wirtschaft?

Worin bestehen diese Erfolge? Sind sie erwiesen? Haben wir es hier nicht mit Ammenmärchen, mit Großtuerei, mit intelligenzlerischen Versprechungen zu tun („geht in Ordnung“, „der Plan ist schon fertig“, „jetzt geht's mit aller Kraft daran“, „wir garantieren dafür“, „eine Besserung ist zweifellos eingetreten“, und ähnlichen faulen Redensarten, auf die „wir“ uns so gut verstehen)?

Wodurch sind die Erfolge erzielt worden? Wie können sie vergrößert werden? Wo gibt es eine schwarze Tafel für die rückständigen Fabriken, die nach der Nationalisierung ein Musterbeispiel des Zerfalls, der Unordnung, des Schmutzes, des Rowdy- und Schmarotzertums geblieben sind? Es gibt sie nicht. Aber solche Fabriken gibt es.

Lenin

Peter Koard: „Treffen in Reykjavik“

Die Welt ist heute nicht mehr die von gestern

Von unserer Großen Oktoberrevolution war ein zu starker lebensspendender Impuls ausgegangen, als daß die Partei und das Volk die Erscheinungen hätten hinnehmen können, die eine Veruntreuung ihrer Errungenschaften darstellten und sie bedrohten. Lenins Werke, sein Ideal vom Sozialismus galten uns nach wie vor als unerschöpfliche Quelle dialektischen schöpferischen Denkens, theoretischen Reichtums und politischen Weitblicks. Er selbst ist uns ein unvergängliches Beispiel für große moralische Kraft, universelle geistige Kultur und grenzenlose Treue zur Sache des Volkes und des Sozialismus geblieben. …

Er erkannte die Gefahren, die auf die neue Gesellschaftsordnung zukamen. Und wir müssen diese Besorgnis begreifen. Lenin sah, daß der Sozialismus auf ungeheure Probleme stieß, daß er sehr viele Dinge zu bewältigen hatte, denen die bürgerliche Revolution nicht gewachsen gewesen war. Deshalb griff man zu Formen, die dem Sozialismus eigentlich nicht immanent sind, die zumindest nicht ganz den landläufigen Ansichten vom Aufbau des Sozialismus entsprachen.

Ja, Lenins Zeit ist sehr wichtig. Sie ist lehrreich aufgrund der Stärke der marxistisch-leninistischen Dialektik, deren Schlußfolgerungen sich auf die Analyse der realen historischen Situation stützen. …

Ja, die Welt ist heute nicht mehr die von gestern, und ihre neuen Probleme können nicht gelöst werden, wenn man die aus früheren Jahrhunderten überkommene Denkweise beibehält. Wie könnte man heutzutage an der These festhalten, Krieg sei Fortsetzung der Politik mit anderen Mitteln?

Michail Gorbatschow

Jeder muß lernen, als Weltbürger zu denken, unabhängig von seiner Hautfarbe und seinem Glaubensbekenntnis Dmitri Lichatschow

LESERPOST – LESERPOST – LESERPOST – LESERPOST – LESERPOST – LESERPOST – LESER

Von der Geschichte lernen

Auszüge aus einem Leserbrief des Moskauer Hochschullehrers W. Kornilow, veröffentlicht in der „Prawda“ vom 15. 2.:

…

Wie kann den Jugendlichen der Glaube an den Sozialismus, an dessen Ideale, anerzogen werden, wenn unter den Bedingungen der Offenheit auch Beiträge in die Presse kommen, die jeglicher Verantwortung entbehren und hemmungslose Kritik, ja selbst direkte Verfälschungen unserer Geschichte enthalten. Die Verfasserin des Briefes schreibt: „… ich persönlich bin in meinem Glauben schwankend geworden. Und das mir, die jedem an die Gurgel gegangen wäre, der unsere sozialistische Ordnung angeschwärzt und die kapitalistische gerühmt hätte.“

Wie soll es in diesem Falle den Jugendlichen gehen, bei denen sich das Bewußtsein noch nicht gefestigt hat, die mitunter die Wahrheit von Hirngespinsten nicht unterscheiden können? Wir wollen auch nicht die Tätigkeit der dem Sozialismus feindlich gesinnten Rundfunksender, ihre zügellose Hetze vergessen.

Mich als Hochschullehrer beunruhigt dieses Problem auch sehr. Sensation, Halbwahrheiten der 20er, 30er und 40er Jahre, das Abgehen von der Analyse der 70er Jahre können auch einem standhaften, doch ungenügend sachkundigen Menschen Furcht einflößen …

Man stelle sich nur vor, welche Höhen hätten wir erreichen können ohne die bedauerlichen Fehlgriffe in der Innenpolitik, die subjektiven Charakter trugen. Für sie sind konkrete Personen, ihre maßlose Selbstsicherheit, ihre Abkehr von den Leninschen Normen des Parteilebens, ihre persönliche Anmaßung und Inkompetenz verantwortlich. Ja, wir sind für Demokratisierung und Offenheit, aber nur unter einer Bedingung: mehr Sozialismus, mehr Leninismus!

Ohne Jugend entscheiden

Die jungen Menschen verfolgen alles, was sich in der Welt tut, sehr aufmerksam. Doch leider wurde in letzter Zeit zu viel ohne uns entschieden. Zwischen uns und der älteren Generation kam es zu einer Entfremdung. Zu ihrer Überwindung werden, wie ich hoffe, die tiefgreifenden Änderungen, die sich in der UdSSR vollziehen, beitragen. Davon war auch auf dem 20. Kongreß des Leninschen Komsomol die Rede. Von ganzem Herzen unterstütze ich den Umbau. Ich möchte dazu meinen eigenen bescheidenen, doch konkreten Beitrag leisten.

Juri GUBSKI, Student, Kiew

Presse nicht auf der Höhe

Nicht von ungefähr wurde der Begriff der „Publizität“ zu einem Synonym für unseren Umbau. Können ja nur volle Aufrichtigkeit und Offenheit das Wichtigste bewirken – eine Umstellung unseres Bewußtseins –, vermögen nur sie das neue Denken, qualitativ neue Methoden für die Lösung vieler unserer Probleme hervorbringen. Leider ist unsere Presse, die heute meiner Meinung nach eine besondere Rolle beim Umbau spielen sollte, weitaus nicht immer auf der Höhe der vor ihr stehenden Aufgaben. Auf abgenutzte Denkschablonen zu verzichten und sich engagiert für den Umbau einzusetzen – dieses Ziel sollten sich all unsere Zeitungen und Zeitschriften setzen. Und wir, die Leser, sollten dabei unserer Presse unbedingt helfen.

Alexej IWANOW
Riga

Jakow Schtejnberg: „Auslieferung der ‚Iswestia‘, Petrograd 1917“

Quelle: Eveline Günther / Deutsch-Sorbisches Volkstheater

Programmheft zu »Diktatur des Gewissens«.

Quelle: Privatarchiv Eveline Günther / Zeichnung: Bernd Löchelt

»Eine hübsche Satire auf unsere kaputte Altstadt. Diese Karte hat mir unser Werbegrafiker Bernd Löchelt Weihnachten 1988 geschenkt.«
Eveline Günther

Quelle: Eveline Günther / Deutsch-Sorbisches Volkstheater

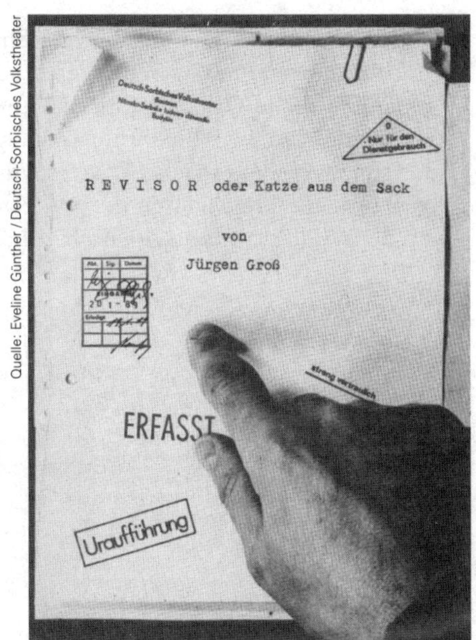

Programmheft zu »REVISOR oder Katze aus dem Sack«.

Lutz Hillmann
Jahrgang 1959

Lutz Hillmann wächst in einem Dorf nahe Bautzen auf. Nach der Schule absolviert er eine Berufsausbildung zum Facharbeiter für Betriebs-, Mess-, Steuer- und Regeltechnik (BMSR) und arbeitet als Klimatechniker an den Städtischen Bühnen Leipzig. Nach seinem Wehrdienst bei der Nationalen Volksarmee (NVA) beginnt er das Schauspielstudium an der Theaterhochschule »Hans Otto« in Leipzig. Während seines Studiums hat er sein erstes Schauspielengagement am Staatsschauspiel Dresden. 1985 erhält er das Schauspiel-Diplom und wird am Deutsch-Sorbischen Volkstheater Bautzen als Schauspieler engagiert. Ab 1991 ist er dort Mitglied der Schauspielleitung und führt Regie. 1998 wird Lutz Hillmann als Intendant berufen und leitet bis heute in dieser Funktion das Deutsch-Sorbische Volkstheater Bautzen.

Für Lutz Hillmann ist das Theater ein offenes Haus für die Stadtgesellschaft. Mit Selbstverständnis bringt er sich in gesellschaftliche Diskurse innerhalb und auch außerhalb der Stadt ein. Man weiß bei ihm, woran man ist, und er ist einer, der vieles möglich macht. Fest verwurzelt, mit einem Blick weit über die Hügelketten der Oberlausitz hinaus, so erlebe ich den Vollblut-Theatermenschen Lutz Hillmann.

Quelle: Still aus dem Dokumentarfilm »Ein Teppich aus Persien«

»Du kannst daran erkennen, was die Zeit mit uns gemacht hat. Es ist wie ein Kern«

»Ich habe gerade das Stück ›Sonnenallee‹ inszeniert. Am Ende des Stückes steht geschrieben: ›Glückliche Menschen haben ein schlechtes Gedächtnis und reiche Erinnerungen.‹ Die Erinnerung macht alles schön und schleift das Schlimme ab. Das ist nicht ganz so bei mir. Im Großen und Ganzen denke ich natürlich zurück und sage: ›Das war eine verrückte Zeit. Bloß gut, dass du dabei warst.‹

Wir haben im Theater aufregende Sachen gemacht, das war toll und hat richtig Spaß gemacht. Andererseits war es die Zeit, in der ich zur Stasi geworben wurde und dort mehrere Termine hatte. Das hat mich damals unter Druck gesetzt und sehr bedrückt. Zur Überprüfung meiner Wehrunterlagen bin ich ins Wehrkreiskommando bestellt worden. Aber dort saßen nicht die Genossen des Wehrkreiskommandos, sondern die Genossen der Staatssicherheit. Ich war völlig perplex, überrascht und aufgeregt. Die haben mich gefragt, ob ich ihnen nicht helfen könne, weil sie so hilflos seien. Das war eine perfide Art und Weise: Die haben mich im Grunde genommen bei meiner fachmännischen Ehre gepackt, haben gesagt, sie brauchen Fachberater, weil sie sich selbst nicht so gut auskennen. Anfragen aus der Bevölkerung würden jetzt zu den Genossen kommen, auch zu dem, was im Theater stattfindet. Deshalb brauchen sie fachkundige Beratung direkt aus dem Theater heraus. Da könne ich doch helfen?

Ich war verführt. Verführt zu denken: Ja, vielleicht kannst du etwas Gutes tun? Den Stachel ziehen? Sie in eine bestimmte Richtung beraten. Und damit auch Gutes tun. Natürlich ein vollkommen irrer Gedanke. Im Nachhinein ist mir das auch klar. In dem Moment war das aber nicht so. Ich dachte, wenn du das jetzt machst, könntest du vielleicht vermeiden, dass das eine oder andere verboten wird. Dass ich etwas Positives bewirke, mehr Freiheit und so. So weit war man schon getrieben. Im Nachhinein denke ich: Völlig irre.

›Da kann ich schon helfen‹, habe ich denen damals geantwortet. Das sei aber immer, so haben sie gesagt, konspirativ. Das sei das oberste Gebot. Niemand dürfe davon erfahren, die Treffen seien heimlich. ›Das mache ich nicht! Wenn, dann komme ich ganz offiziell‹, habe ich denen geantwortet. Da wollten die nicht mitmachen. Dennoch bin ich noch zwei, drei Mal bestellt worden und auch hingegangen. Am Ende musste ich jedes Mal eine Erklärung unterschreiben, dass ich niemandem von dem Gespräch erzähle. Eine Verschwiegenheitserklärung – mit Androhung von Strafverfolgung, wenn man dagegen verstößt. Auch mit der Familie durfte ich nicht darüber sprechen. Das habe ich natürlich nicht befolgen können, natürlich habe ich mit meiner Frau darüber gesprochen, obwohl ich das nicht durfte. Ab einem Punkt bin ich dann auch dort nicht mehr hingegangen. Ich habe mir getraut, zu sagen: ›Ich gehe nicht mehr hin!‹ Und habe auch deutlich gesagt: ›Ich mache nicht mit!‹ Als sie dann an meiner Wohnungstür klingelten, öffnete meine Frau die Tür. Sie hat den Genossen in Zivil angerüffelt, dass sie mich in Ruhe lassen und abhauen sollen. Und da denke ich heute, wie verrückt man gewesen ist, denn ich habe dann mit meiner Frau geschimpft: ›Wie kannst du das machen? Jetzt weiß der, dass wir miteinander gesprochen haben und das durfte ich doch nicht!‹ So eingeschüchtert war ich schon. Wenn ich mich heute an manche Reaktionen damals erinnere, da frage ich mich, wie weit verbogen und verrückt ich da schon war.

Dass ich da überhaupt zum dritten Mal hingegangen bin, das war der größte Fehler meines Lebens. Ich habe die Verpflichtungserklärung nicht unterschrieben, ich habe auch keine Informationen gegeben. Aber dass es überhaupt so weit kommen konnte, das war sicher ein Fehler. Es ist für mich wohl die einschneidendste Geschichte dieser Zeit. Die Geschichte, die am meisten nachhallt. Es geht um mich. Dass ich mich selbst frage: ›Wovor habe ich Angst gehabt? Wie verbogen warst du schon? Was ist mit dir schon geschehen in diesem System?‹ Andererseits holt mich diese Geschichte auch immer wieder ein. Von 2004 bis 2014 war ich zehn Jahre im Bautzener

Stadtrat. Da wurde ich, so wie alle, jedes Mal überprüft. Und jedes Mal kam bei mir etwas zurück. Weil ich sozusagen schon eine Anwerbe-Akte hatte, die die Staatssicherheit damals angelegt hatte. Da kamen innerhalb der Überprüfung immer Fragen zurück. Immer wieder wurde hinterfragt, ob ich damals für die Staatssicherheit gearbeitet habe: ›Warum gibt es diese Akte?‹ Ich wurde das von Menschen gefragt, die nie etwas mit dem System zu tun hatten, also hier nicht aufgewachsen sind oder viel zu jung waren, um zu verstehen. Ich musste mir all die Fragen gefallen lassen und erlebte Unverständnis dafür, dass ich damals Angst gehabt hatte.

Nein, meine Akte habe ich nicht gelesen. Ich hatte Angst davor, herauszubekommen, wer alles seine Finger im Spiel hatte. Angst davor, dass ich böse Überraschungen erlebe. Ich will das nicht, weil es im Grunde auch nichts ändert. Aber ich mache es noch. Ich habe mir vorgenommen, sie einmal zu lesen.

Du kannst daran erkennen, was die Zeit mit uns gemacht hat. Es ist wie ein Kern, aber nicht alles, lang nicht alles, was die Zeit ausmachte. Denn es war ja auch eine gute Zeit: Man hatte Spaß gehabt, man hatte Freunde gehabt, man hatte Kollegen gehabt. Ja, man war verliebt. Das war doch alles in der Zeit. Das kann man sich nicht kaputtreden lassen. Es war eine wichtige Zeit.

Was ich wollte? Ich wollte Meinungsfreiheit. Und Reisefreiheit. Das war das Schlimmste, was ich erdulden musste, dass ich nicht rauskam aus diesem Staat, dass man mich reglementierte. Ich habe auch darunter gelitten, dass ich viele Dinge nicht kennenlernen durfte. Theaterliteratur, Philosophen. Was ich lesen wollte, war nur schwer zu bekommen. Nur mit Klimmzügen und Beziehungen. Ich wollte Beckett lesen und Autoren, die uns verwehrt waren. Wollte lesen und spielen, was ich wollte. Dann hätte ich mir vielleicht auch die DDR gefallen lassen.

Die DDR abzuschaffen, so weit war ich gar nicht. Ich wäre auch niemals ausgereist aus der DDR. Ich hätte das nie geschafft, wegzugehen aus der DDR. Ist vielleicht auch falsch, dieses Niemals. Es hätte auch schlimm kommen können. Dass es einen wegtreibt. Aber den Gedanken hatte ich nie gehabt. In den letzten Monaten der DDR bekam man ja mit, wie Leute verschwanden. Einige verabschiedeten sich, andere waren einfach weg. Es gab die große Bewegung der Ausreisewilligen. Die trafen sich in Zirkeln und hatten weiße Stoffbänder an ihren Auto-Antennen als Zeichen, dass sie ausreisewillig sind. Auch gute Freunde von mir. Mit denen konntest du ab einem bestimmten Punkt nicht mehr reden, weil die nur noch ihre Ausreise im Kopf hatten und das romantisierte Bild der Gegend, in die sie bald gehen würden. Die waren sich selbst genug in ihren Kreisen. Lauter Leute, die sich innerlich schon längst verabschiedet hatten.

Im Theater hatten wir Aufführungen, die unglaublich waren. Wenn die Leute in dieser Zeit ins Theater gingen, waren sie darauf geeicht, zwischen den Zeilen zu hören und genau zuzuhören: Was meinen die? Wo könnte der Zacken dran sein? So dass viele Anspielungen auch in den Klassikern, die wir spielten, plötzlich vom Publikum politisch gedeutet wurden, obwohl man es selbst manchmal gar nicht so wollte. Es war eine ganz andere Übereinkunft zwischen Publikum und Bühne. Das ist heute völlig verloren gegangen. Manchmal denkt man mit Wehmut an diese Zeit zurück. Da konnte man Reaktionen mit Sachen erzeugen, die heute undenkbar sind. Aber es ist unnormal, dass man so einen Code entwickelt zwischen Publikum und Bühne. Das ist nicht richtig. Es ist das Ergebnis einer Repression, das Ergebnis einer Diktatur.

Wozu ist man Schauspieler? Schauspieler ist man natürlich, um etwas zu vermitteln auf der Bühne und auf der anderen Seite natürlich auch, um Erfolg zu haben und als Schauspieler anerkannt zu sein. Ganz abstrakt: Um geliebt zu werden. Und mit der Rolle des ›Revisors‹ gelang das natürlich hervorragend. Man sprach den Leuten aus dem Herzen, sie identifizierten sich mit dem Typen. Ich bin durch die Stadt gegangen und die Leute grüßten mich, weil sie mich kannten. Es war das einzige Mal, dass ich in der Tauschgesellschaft DDR – also man musste immer etwas bieten, wenn man etwas wollte – als Schauspieler mit Theaterkarten eine Chance hatte: Für Theaterkarten des ›Revisors‹ bekam ich neue Winterreifen für meinen 311er-Wartburg.«

Foto: Miroslaw Nowotny

Lutz Hillmann in der Hauptrolle in »Revisor oder die Katze aus dem Sack«.

Foto: Miroslaw Nowotny

Foto: Miroslaw Nowotny

»Es ist die Geschichte eines Maurers. Er kommt aus dem Knast und trampt, zufällig trifft er auf einen verbitterten Regierungsfahrer, der in den Ruhestand geschickt wurde. Der will es allen noch einmal zeigen. Die beiden fahren gemeinsam in die Kleinstadt – die natürlich Bautzen ist. Das Bühnenbild ist eine Anspielung auf das ›Gelbe Elend‹. In dieser Stadt glauben nun alle, in dem Regierungsschlitten kommt ein Politiker aus Berlin, einer von ganz weit oben, wie man sagte, einer mit Macht. Die Verantwortlichen in der Stadt denken, jetzt kommt der und will uns überprüfen. Der Bürgermeister, der Parteisekretär, der Armee-Chef aus der Stadt – und andere. Sie kommen zu dem jungen Mann, der natürlich überhaupt nicht weiß, wie ihm geschieht, und beichten ihm ihre Vergehen. Und dann treffen sich die Funktionäre der Stadt. In ihrer Ratlosigkeit gehen sie zufällig alle im Kreis. Da gab es Szenenapplaus! Die Zuschauer haben getobt. Das war das Bild: All die Funktionäre waren im Knast, symbolisch. Auf einem Hof im Kreis laufen, wie in diesem Szenenbild. Das war ein ganz klares Zeichen und konnte nur Knast bedeuten. Die Ängste und die Unsicherheit dieser Funktionäre, das war Klasse. Und der Triumph des kleinen Mannes, natürlich.«
Lutz Hillmann

Mirko Brankatschk
Jahrgang 1969

Mirko Brankatschk wächst in einer sorbischen Theaterfamilie in Bautzen auf. Als Kind träumt er davon, einmal ein Holzfäller in Kanada zu sein. Gemeinsam mit Freunden gründet er in den 1980er Jahren die Punkband »Die Gesandten«. Doch die DDR bleibt ihm zu eng. Im August 1989 flüchtet er mit zwei Freunden über die Slowakei, Ungarn und Österreich nach Westdeutschland. Er macht Station an vielen Orten in der Welt, bevor er in Bochum und in Leipzig Theaterwissenschaften studiert. Dann kehrt er in seine alte Heimat, nach Bautzen, zurück. Seit der Spielzeit 2002/2003 ist er Mitglied im Ensemble des Deutsch-Sorbischen Volkstheaters in Bautzen und führt dort auch Regie.

Wir lernten uns in der Kantine des Deutsch-Sorbischen Volkstheaters in Bautzen kennen, wo wir während unseres Filmdrehs an jedem Tag Mittag aßen. Mirko erzählte uns von seiner Band, der Flucht und seiner Rückkehr nach Bautzen. Seine Geschichte hat er inzwischen mit Jugendlichen des Jugendtheaters Bautzen auf die Bühne gebracht. Vor diesem Stück arbeitete er mit jungen Geflüchteten, die in Bautzen angekommen sind. In den Gesprächen mit ihnen, so erzählt er, wurde ihm bewusst, aus welcher Sicherheit er damals mit seinen Freunden agierte – im Vergleich zu diesen jungen Menschen.

Quelle: Still aus dem Dokumentarfilm »Ein Teppich aus Persien«

»Aber es gab auch eine andere Seite. Und die wollte ich ums Verrecken nicht liegen lassen«

»Es ging uns gut. Wir konnten an die Ostsee fahren – dort guckst du geradeaus und hinter dir ist das Land. Wenn du dich damit begnügst, ist das in Ordnung. Aber wenn du neugierig bist? Als Heranwachsender in der DDR war es für mich nicht befriedigend, auf Fragen keine Antworten zu bekommen. Im Staatsbürgerunterricht zum Beispiel merkte ich, dass der Lehrer schwimmt. Mein Kumpel ist ausgewandert, also seine Familie hatte einen Ausreiseantrag gestellt und ist in den Westen. Wir trafen uns zu Beginn der 11. Klasse in der Slowakei. Und dann verabschiedeten wir uns: Er fuhr nach Bayern und ich zum Unterricht nach Bautzen. Es ging uns gut, meine Eltern waren hier, es war bunt, es war schräg. Aber es gab auch eine andere Seite und die wollte ich ums Verrecken nicht liegen lassen.

Es gab auch eine musikalische Beeinflussung: Manfred Krug, Holger Biege. Man hat die Texte gehört und wusste, hier gibt es Gleichgesinnte. Als ich 15/16 war, haben wir gemeinsam mit Freunden eine Band gegründet. Wir hatten in Boblitz eine alte Scheune. Das war unser Proberaum. Dort konnten wir Krach machen ohne Ende. Dort störte uns niemand und wir träumten von einer großen Karriere. Wir hatten Vorbilder in der DDR: ›Silly‹, ›Pankow‹, später kamen ›Sandow‹ und ›Feeling B‹ dazu. Wir dachten uns, das System von innen aufzumischen, indem wir coole Musik machen. In diesem Proberaum hatten wir unseren Freiraum, um Gedanken zu spinnen, um Gedanken frei herauszuschreien. Ein Thema war zum Beispiel Afghanistan. Wir haben erfahren, dass die Sowjetunion in Afghanistan einmarschiert ist, dass unser Waffenbruder, die Sowjetunion, Krieg führt in Afghanistan. Den Refrain weiß ich noch: ›Es war ein Fehler, das haben sie begriffen. Es war ein Fehler, das haben sie begriffen. Aber das hilft jetzt keinem mehr.‹

Wir nannten uns ›Die Gesandten‹. Wir wollten den Leuten Inhalte beibringen. Aber die Band war eigentlich auch ein

Transportmittel, um uns gemeinsam zu finden, um uns Kraft zu geben, uns gegenseitig zu bestärken und zu bestätigen. Um uns musikalisch weiterzuentwickeln, hätten wir an andere Türen klopfen müssen. Wir haben Partys organisiert, die haben sich bis Dresden rumgesprochen. Plötzlich sprangen bei uns Größen der Szene herum. Ich weiß nicht, wie sich das herumgesprochen hat, wir haben ja keine Flyer verteilt. Aber am Wochenende war die Hütte voll und die Partys in unserem Proberaum in Boblitz waren plötzlich Kult. Das hat sich gut angefühlt. Es war eine schöne Mischung an Menschen. Wir sollten auch mal in Dresden in der Neustadt mit ›Feeling B‹ zusammenspielen. Da gab es Kontakte. Obwohl es nie stattgefunden hat, wurde in der Szene darüber gesprochen.

Um offiziell und öffentlich auftreten zu dürfen, brauchten Bands in der DDR eine Einstufung. Diese Einstufung haben wir nicht bekommen, weil die Eltern unseres Schlagzeugers einen Ausreiseantrag gestellt hatten. Unser Gitarrist arbeitete auf einem Friedhof und ich war Abiturient.

Heute muss ich noch schmunzeln. Wir, ›Die Gesandten‹, wurden in der BILD-Zeitung erwähnt: Als wir im Westen waren, lasen wir dort einen Artikel über die Untergrund-Bands der DDR. Genannt wurden unter anderem ›Sandow‹, ›Feeling B‹ und ›Die Gesandten‹. Da guckten wir drei uns an: Hey, das sind ja wir!«

Christian Schramm
Jahrgang 1952

Christian Schramm wächst in einer politisch konträren Familie auf: Sein Vater ist SED-Mitglied, seine Mutter eine fromme Christin. Nach der Schule macht er eine Ausbildung zum Dreher, studiert von 1970 bis 1974 Religionspädagogik in Moritzburg und wird Gemeindepädagoge in Bautzen. Ab 1988 ist er für zwei Jahre Bezirkskatechet des Kirchenbezirkes Bautzen.

Er ist einer der Mitbegründer des Neuen Forums Bautzen, engagiert sich unter anderem im Bürgerkomitee »Arbeitskreis Bautzen II«. Weil er die neue Gesellschaft mitgestalten will, tritt er in die CDU ein und stellt sich 1990, nachdem er darum gebeten wird, als Bürgermeister der Stadt Bautzen zur Wahl. Christian Schramm ist 25 Jahre lang der Bürgermeister bzw. Oberbürgermeister der Stadt Bautzen. Er engagiert sich weit über die Grenzen der Stadt hinaus und ist zum Beispiel von 2003 bis 2015 Präsident bzw. Vizepräsident des Städte- und Gemeindebundes. 2012 wird ihm für »seine Verdienste um die demokratische Entwicklung der kommunalen Gemeinwesen« die Sächsische Verfassungsmedaille überreicht. 2016 erhält er den Sächsischen Verdienstorden. 2019 wird Christian Schramm die Ehrenbürgerwürde der Stadt Bautzen verliehen.

In einer Zeit, in der unsere Gesellschaft scheinbar unversöhnlich gespalten ist, ist spürbar, wie sehr Menschen und Politiker wie Christian Schramm als aktive Gestalter fehlen. Er hat die Gabe, Menschen zueinander finden zu lassen und ist frei von Eitelkeit. Erst im Gespräch mit seinen Freunden und mit Menschen, die mit ihm zusammenarbeiteten, habe ich die Dimension seines Wirkens und seines Engagements für die Stadt und ihre Bewohner verstanden. Ich bin dankbar dafür, dass er mit uns seine persönlichen Erinnerungen teilt.

Quelle: Still aus dem Dokumentarfilm »Ein Teppich aus Persien«

»In meiner Arbeit hatte ich große Verantwortung, eine Verantwortung, der man sich selbst stellen musste«

»Das eigene Handeln ist ja auch ein Stück von der Umgebung abhängig, in der man sich befindet. Und nun war ich ja gänzlich DDR-Bürger, das heißt, meine Kinderzeit ist mein Zuhause. Mein Vater war SED-Mitglied und meine Mutter eine fromme kirchliche Frau. Das hat sich an sich ganz gut vertragen. Ich habe also sehr früh erfahren, dass es zwei Erfahrungs- und Denkschienen gibt.

Im Studium habe ich dann gemerkt, wie eng, nicht nur in den äußeren Dingen und materiellen Voraussetzungen, sondern wie eng auch in den geistigen Voraussetzungen die DDR sein kann. Wobei mein kirchliches Studium zwar frei war, aber die Möglichkeiten, sich zu informieren und mit Literatur auseinanderzusetzen, waren doch sehr beschränkt. Wir hatten durch den kirchlichen Horizont ein paar Möglichkeiten mehr. Man bekam das eine oder andere Fachbuch, das schon. Außer, dass das Angebot in den Buchläden ausgedünnt war, musste man sich zwingend mit dem Buchhändler oder der Buchhändlerin gut stellen, um an Bückware zu kommen, so wie das in anderen Branchen ja ähnlich war.

Wenn ich Musik hören wollte, fehlte in den Plattenläden, was ich gerne gehört hätte. Der geistige Horizont, den man sich selber erarbeiten konnte, konnte groß sein. Und dennoch war er ziemlich bedrängt. Ich habe vor meinem Studium auch ein Stück weit Musik gemacht, angefangen mit einer Schülerband und dann so ein bisschen ins Halbprofessionelle. Es gab eine Regel in der DDR: Man brauchte eine Spiellizenz, eine Spielerlaubnis. Wenn man diese Spielerlaubnis nicht hatte, sie von den Behörden nicht erteilt wurde, durfte man nicht auf die Bühne. Manche Bands, die verboten wurden, bekamen die Spielerlaubnis entzogen und waren kaltgestellt. Die Anweisung und das Gesetz waren: Auf der Bühne durfte man nur 40 Prozent Musik aus dem westlichen Ausland spielen und 60 Prozent mussten zwingend aus dem RGW sein, also sozialistische Hits. Es war die Zeit der ›Beatles‹ und der ›Stones‹. Da hatte man wenig Neigung, das wegzulassen. Das war auch für das Publikum schwierig. Aber das zeigt, die DDR war immer ängstlich besorgt, ja nicht eine Erweiterung im Denken, Fühlen und in den Emotionen zuzulassen. Und sie versuchte, das auch in weiteren Ebenen einzuschränken.

Spätestens seit der Ausbürgerung von Biermann gab es eine straffe ideologische Linie, an der sich vieles orientierte und an der viele litten. Nun hat mich das beruflich nicht so getroffen, aber in der Jugendarbeit haben wir natürlich bewusst versucht, Wissenslücken, Emotionslücken und Kenntnislücken, die nicht biblischer Natur waren, ein Stück weit zu besetzen. Wir versuchten, die Jugendlichen auch zum Nachdenken zu bringen, auf Dinge aufmerksam zu machen, die in der Schule und an anderer Stelle weniger ausgeprägt waren. Was mich bis heute begeistert, wenn ich zurückdenke, das ist dieser Bildungshunger, den es gab. Die Jugendlichen, die mir begegnet sind, waren zum Teil richtig wissbegierig und wollten sich auch auseinandersetzen. Mag sein, dass das ein gewisses Klientel war. Natürlich waren die Jugendlichen, die zu uns in die Kirche kamen, aus den Bürgerfamilien. Aber auch in Bautzen löste sich das langsam auf und veränderte sich.

Die Militarisierung des Lebens in der DDR hat eine große Rolle eingenommen. Es hat uns umgetrieben, dass es in der Schule den Wehrunterricht gab, die Wehrertüchtigungslager und mannigfaltige Formen schon von Kindesbeinen an bis ins Jugendalter hinein. Es gab immer Versuche, Jugendliche auf militärische Anforderungen vorzubereiten. Dann natürlich, als die Musterung anstand und sich jeder überlegen musste – will ich drei Jahre zur Armee gehen, um meine Karriere zu ermöglichen? Will ich vielleicht Zeitsoldat werden? Will ich den Dienst mit der Waffe verweigern und nehme die bestehende Möglichkeit des Dienstes ohne Waffe in Anspruch, als Bausoldat? Oder will ich sogar als zeichenhaftes Handeln den Dienst in der Armee ganz verweigern? Wobei klar war: Die gänzliche Verweigerung hatte die Konsequenz des Militärgefängnisses.

In den Botschaften der Kirche ging es um den Friedensdienst. Ein sichtbares Zeichen dafür war die Kampagne und das Emblem ›Schwerter zu Pflugscharen‹ – explizit gegen Krieg, gegen Gewalt, gegen Militärdienst gerichtet. Wir haben es aus der Nähe erlebt, nämlich bei uns selbst und bei anderen, dass diese Abzeichen auf dem Ärmel oder an anderer Stelle getragen, große Schwierigkeiten brachten. Da gab es auch in der Jungen Gemeinde eine starke Diskussion und Auseinandersetzung. Und wir wissen heute, dass sich das bis zum Ende der Kampagne hingezogen hat. ›Schwerter zu Pflugscharen‹ ist bis heute ein Erinnerungsanker.

Ja, in meiner Arbeit hatte ich große Verantwortung, eine Verantwortung, der man sich selbst stellen musste. Natürlich hätte man auch sagen können: Ich mache meine Bibel-Arbeit im engeren Sinne und alles andere interessiert mich nicht. Aber der Glaube und, ich denke, auch humanistische Verantwortung haben natürlich immer die Tendenz über den Tellerrand hinauszuschauen und zu fragen: Wie ist denn mein eigentliches Metier eingebettet? Mache ich eine Bibel-Arbeit als reine Interpretation des Bibeltextes oder hat es einen Bezug zum Leben? Es war eine Verantwortung gegenüber den jungen Menschen, gegenüber den Eltern. Die dritte Ebene der Verantwortung lag natürlich bei einem selbst. Bei allem, was man am anderen System kritisiert, muss man sich auch selbst immer hinterfragen: ›Ist das jetzt deine eigene Welt- und Zielvorstellung oder kannst du verantworten, das an andere heranzutragen?‹ Denn es ging ja nicht nur ums Überzeugen, sondern um das Herantragen, um damit eine aktive Auseinandersetzung zu provozieren und einzuleiten. Ich habe manchmal abends am Schreibtisch gesessen und gegrübelt, ob das, was ich sagen will, eigentlich noch verantwortbar ist. Verantwortbar in den Folgen. Und in den Inhalten.

Es ging uns nie um die Abschaffung der DDR. Sondern wir haben darauf abgezielt, mit dem Erleben und den Kenntnissen der Vorgänge in Polen, in Ungarn, in der Tschechoslowakei dieses System, was hier nun einmal existierte, so zu verbessern, wie sich das vielleicht einmal Dubček mit seinem ›Sozialismus mit menschlichem Antlitz‹ vorstellte. Was könnte denn Freiheit hier sein?«

Frank Hiekel
Jahrgang 1957

Frank Hiekel wächst in Freital bei Dresden auf. Seine Mutter ist teilberufstätig, sein Vater Bergmann unter Tage. Nach der Schule absolviert er ein Studium am Institut für Lehrerbildung Radebeul, an das sich eine dreijährige Absolventenzeit in der Volksbildung anschließt. Nach seinem Wehrdienst bei der NVA will er Sonderpädagogik an der Berliner Humboldt-Universität studieren. Das wird ihm aber untersagt, da Lehrer gebraucht werden und er in seinem Beruf tätig sein soll. Daraufhin entschließt sich Frank Hiekel, zur Volkspolizei zu gehen. Dort wird er aufgrund seiner Ausbildung mit einer mittleren Führungsposition betraut. Er absolviert nebenbei ein Vorbereitungsstudium und studiert von 1985 bis 1987 an der Hochschule der Deutschen Volkspolizei in Berlin-Biesdorf. Er schließt als Jahrgangsbester ab und hat das Ziel, als Dozent an der Hochschule tätig zu werden. Das wird ihm verwehrt. Er erhält den Befehl, in den Bezirk Dresden zurückzukehren und den Posten des Stellvertretenden Leiters der Haftanstalt Bautzen I zu übernehmen. Nach der Übergabe der Haftanstalt Bautzen I an eine Führungskraft aus den alten Bundesländern verlässt Frank Hiekel Bautzen, übernimmt die Untersuchungshaftanstalt Dresden und wird 1995 Leiter der JVA Görlitz. Seit 2018 ist Frank Hiekel zurück in Bautzen – als Leiter der JVA Bautzen, der ehemaligen Haftanstalt Bautzen I.

Zu Beginn unserer Unterhaltung ist es mir nicht leicht gefallen, Frank Hiekel gänzlich unvoreingenommen und wertfrei gegenüberzutreten. Doch seine Geschichte, sein Reflektieren über sich selbst als Teil des Systems – wie er es nennt – und die Verantwortung, die er damals übernahm und heute für Unrecht übernimmt, welches Menschen damals widerfahren ist, lösen bei mir großen Respekt aus.

Quelle: Still aus dem Dokumentarfilm »Ein Teppich aus Persien«

»Ich habe viel mit mir selbst ausgemacht«

»Mein Wunsch war es, mit Menschen zu arbeiten. Deshalb wurde ich Unterstufenlehrer. In meiner Lehramtsprüfung, das werde ich nie vergessen, das war eine Deutschstunde in der 1. Klasse, hatte ich eine Heidenangst. Ich konnte mit den kleinen Krümeln gar nichts anfangen und habe mir gesagt: ›Irgendwie hast du den Beruf verfehlt.‹ Ich habe dann drei Jahre eine Absolventenzeit absolvieren müssen und habe dann versucht, ein Hochschulstudium in Pädagogik in Berlin an der Humboldt-Universität zu bekommen. Aber die Schule wollte mich nicht gehen lassen.

Ich hatte gehört, dass die Polizei immer Leute suchte, und habe mich dann damals in Dresden im Volkspolizeikreisamt gemeldet. Die waren hellauf begeistert: ›Ja, mit Ihrer Ausbildung: Strafvollzug! Das wäre doch was.‹ Ich habe dann erst mal meinen Wehrdienst abgeleistet und sollte dann nach Leipzig, in die Untersuchungshaftanstalt als Erzieher und Offizier. Als ich meinen Dienst dort antrat, sagten die: ›Nein, nein. Unterschreiben Sie erst einmal hier.‹ Ich habe den Dienstvertrag – so nannte sich das – unterschrieben. Und da meinten die dann: ›Nein, nein. Leipzig ist nicht. Sie bleiben hier in Dresden. Offizier ist auch nicht. Sie brauchen sich keine Gedanken machen. Sie kommen mit dem höchsten Wachtmeisterdienstgrad in die Untersuchungshaftanstalt Dresden.‹ So kam das. Interessant war, dass man gar nicht gucken konnte, auf was man sich da einlässt.

Weil ich wahrscheinlich doch nicht ganz so auf den Kopf gefallen war und ein bisschen Geschick hatte, mit Menschen umzugehen, bin ich nach kurzer Zeit in dieser Anstalt Dienstvorgesetzter geworden. Als der stellvertretende Anstaltsleiter schwer krank wurde, sagten sie, ich solle den Posten übernehmen. Sie haben dann aber auch Wort gehalten und haben es mir ermöglicht, mich auf ein Hochschulstudium bei der Polizei in Berlin vorzubereiten. 1985 bin ich dann auf die besagte Hochschule. Das war zwar mit viel gesellschaftswissenschaftlichen Anteilen, Marxismus-

Leninismus, trotzdem war das eine gute Ausbildung, auf die ich nichts kommen lasse, weil man über Führung und Leitung etwas gelernt hat.

Ich habe das Studium als Beststudent absolviert und weil ich ja eine Berufsausbildung als Lehrer hatte, sollte und wollte ich dort auch als Dozent bleiben. Ich hatte schon das Thema für meine Doktorarbeit und dachte: ›Alles geritzt!‹

Ein paar Tage vor der Zeugnisausgabe kamen dann der oberste Chef vom Strafvollzug Berlin, der hieß Lustik, war aber überhaupt kein lustiger Mensch, und der Chef von Dresden, der meinte: ›Sie kommen in den Bezirk zurück, wo Sie hergekommen sind.‹ Da habe ich gesagt: ›Nein, nein, das ist ja alles schon klar, ich habe hier schon meinen Lehrstuhl, ich habe mein Thema für die Doktorarbeit, ich möchte hier Dozent bleiben.‹

›Gehen Sie mal raus, überlegen Sie noch mal gut, was Sie denn nun wirklich wollen.‹ Das war die Antwort. Ich wusste erst gar nicht, was die von mir wollen. Für mich war das alles klar. Nach fünf Minuten habe ich geklopft, dann kam ein: ›Herein!‹ Ich bin wieder rein und dann meinten die: ›Haben Sie sich das überlegt?‹ Ich antwortete: ›Ja, ich möchte hier als Dozent bleiben.‹ Da haben die dann zu mir knallhart gesagt: ›Sie haben jetzt zwei Möglichkeiten: Entweder Sie gehen in den Bezirk Dresden zurück oder Sie kriegen keinen Abschluss.‹

Der Abschluss war mir nicht in den Schoß gefallen, ich war ja auch von der Familie getrennt, habe da Tag und Nacht gearbeitet, um zu diesen Ergebnissen zu kommen und ja, was macht man dann? ›Wo soll ich denn hin in Dresden?‹, habe ich gefragt. Da meinten die: ›Sie gehen als einer der Stellvertreter nach Bautzen und zwar als ›Stellvertreter Operativ‹ und das gilt dann ab sofort nach dem Studium.‹

Für mich ist in diesem Moment eine Welt zusammengebrochen. Hierher, nach Bautzen, wollte ich überhaupt nicht, weil Bautzen als Gefängnisstadt im Volksmund bekannt war und man wusste auch, dass in Bautzen ein sehr harter Vollzug Standard war. Mir war aber auch klar, da musste ich nun hin. War ja Befehlszwang.

Dann kam ich hier an und bin auch nicht mit offenen Armen empfangen worden. Denen war klar, dass ich vielleicht störend wirke. Aufgrund meines jungen Alters. Das dauerte auch gar nicht lange: Es gab eine Meuterei von Gefangenen in diesem Außenarbeitsbetrieb in Großdubrau. Es waren schlimmste Verhältnisse, unter denen die Gefangenen dort arbeiten mussten. Die kriegten von dem Betrieb auch das Essen und das war grottenschlecht. Ich bin dann vor Ort gewesen, habe mit den Gefangenen geredet. In so einem Fall ist eine sogenannte Sofortmeldung abzusetzen nach Berlin. Ich hatte diese Aufgabe, denn mein Chef war nicht da. Nachdem ich das Fax abgesetzt hatte, rief mich dieser Herr Lustik an und meinte: ›Das haben Sie völlig falsch eingeschätzt, das ist nie und nimmer eine Meuterei.‹ Da bin ich dann so richtig zur Schnecke gemacht worden.

›Stellvertreter Operativ‹ bedeutete in der Sprache des Systems, dass dies eine herausgehobene Position war. Die Anstalten waren damals in Kategorien unterteilt und diese gehörte zur höchsten Kategorie, der Kategorie 1. Der ›Stellvertreter Operativ‹ bedeutete, dass man für den gesamten Bereich der Sicherheit der Anstalt verantwortlich war und den größten Personalkörper führen musste. An diese Funktion gebunden war, dass man strukturmäßig Vertreter des Anstaltsleiters war. Insgesamt gab es vier Stellvertreter, die aber alle dem ›Stellvertreter Operativ‹ nachgeordnet waren.

Von diesem Gefängnis wusste ich Einiges. Ich kannte seine Geschichte. Ich wusste, dass dort Gefangene sehr lange Haftstrafen absitzen mussten, und ich wusste, dass dort Gefangene untergebracht waren, die im Strafvollzug nach damaligem Recht neue Straftaten begangen hatten. Und damit wusste ich schon sehr viel. Es nannte sich das ›Prinzip der Geheimhaltung‹. Jeder bekam nur das zu erfahren, was er unmittelbar zur Dienstdurchführung brauchte. In der Anstalt Bautzen I gab es ein sogenanntes Haus II. Das war eine besondere Abteilung innerhalb der Anstalt Bautzen I. Dort wurden Gefangene auf besonderen Befehl des ›Leiters Verwaltung Strafvollzug‹ untergebracht. Man hatte sich dieses

Haus in Bautzen ausgesucht, um dort Menschen hinzubringen, die erneut schwere Straftaten im Vollzug begangen hatten. Sicherlich zum Teil auch mit politischen Motiven. Mir ist ein Fall in Erinnerung. Die Bedingungen, unter denen der dort sein Dasein fristen musste, waren auch nach damaligem Recht menschenunwürdig. Weil ich wusste, dass er dort ist, habe ich einmal versucht, ihn zu sehen. Trotz meiner Funktion und obwohl ich der Stellvertreter des Anstaltsleiters war, durfte ich aber nicht in dieses Haus.

Zur damaligen Zeit war ich auf keinen Fall ein Widerstandskämpfer. Ich wollte Karriere machen, das war mein Antrieb. Das ist mir dann ja auch leidlich gelungen, sage ich mal. Hinterfragt habe ich das schon. Ich habe viel mit mir selbst ausgemacht, denn ich wollte meine Familie damit nicht belasten. Ich war auch davon überzeugt, dass meine Wohnung abgehört wurde. In so einer Funktion ist man überwacht worden. Das klingt jetzt vielleicht etwas flapsig, aber das war Bestandteil des Geldes, das man bekam. Und wer darüber nachdachte, kam zum Ergebnis, dass sie da irgendwie immer dran waren, damit man in der Spur bleibt. Und das geht ja nur über die Überwachung. Ich habe das hingenommen. In meiner Wohnung habe ich deshalb solche Gespräche vermieden. Ich habe Ausfahrten oder auch Urlaube mit meiner Frau genutzt, um mich darüber mal auszutauschen. Sie hat mir beigestanden, aber helfen konnte sie mir nicht. Man kam aus dieser Sache schlecht raus.

Ich war damals kein glücklicher Mensch. Als Offizier musste man sich für zehn Jahre verpflichten. Wenn man darauf bestanden hätte aufzuhören, wäre man völlig ins gesellschaftliche Abseits geschoben worden. Da hätten Sie anklopfen können, wo Sie wollen, Sie hätten keine vernünftige Arbeit bekommen. Ich wollte mir auch beweisen, dass ich es kann, und ich war ja auch stolz, das Studium bewältigt zu haben. Und die Stellung, die man hatte, die war ja auch nicht so gering. Mein Ziel war aber schon, als Dozent wieder an die Hochschule zurückzugehen und dort meinen Doktor zu machen.«

Ullrich Keller
Jahrgang 1960

Ullrich Keller wächst in einer Bautzener Handwerkerfamilie auf, macht nach der Schule eine Orgelbauerlehre und wird Orgelbauer im traditionellen Bautzener Eule Orgelbau. Er wechselt den Beruf und arbeitet als Werkstattdesigner im Leitbüro für industrielle Formgestaltung im VEB Fortschritt Landmaschinen. Den Wehrdienst leistet er als Bausoldat. 1988 ist er Preisträger eines Designwettbewerbes am Bauhaus Dessau. Er ist Gründungsmitglied des Neuen Forums Bautzen und Mitglied des Runden Tisches in Bautzen. Nach einer dreijährigen Erziehungszeit übernimmt er die Geschäftsführung eines kommunalpolitischen Vereins und leitet für mehrere Jahre das Soziokulturelle Zentrum Steinhaus in Bautzen. Er ist Gründungsmitglied gesellschaftlich aktiver Einrichtungen, wie des Kulturbüros Sachsen, des Bildungswerkes Weiterdenken der Heinrich-Böll-Stiftung und des Ökumenischen Domladens Bautzen. Berufsbegleitend qualifiziert er sich zum Kulturmanager und arbeitet ab 2001 selbstständig in diesem Bereich. Heute ist Ullrich Keller Geschäftsführer des Evangelischen Schulvereins Hochkirch, den er auch mitgründete.

Ullrich Keller erzählt geradeheraus und so lebendig beschreibend, dass ich sofort Bilder im Kopf habe, sogar Töne und Gerüche nachempfinden kann, wie auch seine Gefühle, die er in seinen Erinnerungen offenbart.

Quelle: Still aus dem Dokumentarfilm »Ein Teppich aus Persien«

»Wenn jemand umfällt, ist es keine Schande«

»Als Kind fiel mir auf, dass ich eine gewisse Außenseiterrolle hatte, obwohl ich nie ein Außenseiter sein wollte. Ich wurde christlich erzogen. Das war der Grund. Eine frühe Erinnerung habe ich an die Zeit, als ich in die dritte oder vierte Klasse ging. Da wir immer Mittwochfrüh eine Freistunde hatten, meinte unser Diakon, die nutzen wir für die Christenlehre. Und so kamen wir paar Kinder immer mittwochmorgens frisch aus der Christenlehre in die Schule. Die anderen Kinder wollten wissen, was das für Bücher seien, die wir lesen. Und wir haben ihnen von den Bibel-Geschichten erzählt, die wir gerade besprochen hatten. Ich habe mir da – genau wie die anderen – überhaupt nichts dabei gedacht. Ich fand das schön. Aber eines Tages gab es Großalarm. Mein Klassenkamerad Helmut wurde von seinem Vater dabei erwischt, wie er abends im Bett betete. Der Vater war Genosse. Der hat sich in der Schule beschwert und es gab einen riesigen Rabatz. Wir durften dann die Bücher aus der Christenlehre nie wieder mit in die Schule nehmen. Da hatte ich das Gefühl, so richtig gehöre ich hier nicht dazu.

Später in der Jungen Gemeinde waren wir dann richtig aktiv. Das Tragen des Abzeichens ›Schwerter zu Pflugscharen‹ war gesetzt. Dann wollte der Staat das nicht mehr tolerieren, das war ein Einschnitt. Der damalige Superintendent kam zu uns in die Junge Gemeinde und sagte die denkwürdigen Worte: ›Macht das ab! Wir werden euch nicht schützen.‹ Ich dachte, das ist eine interessante Formulierung, denn man kann ja auch sagen: ›Macht es bitte ab. Wir können im Zweifel nichts für euch tun.‹ Aber so war es doch eine recht staatstragende Aufforderung. Also man merkte, die Luft wird dünner.

Der Punkt, an dem ich dann wirklich innerlich sozusagen einen Wandel erlebte, geschah in der Armeezeit. Ich hatte mich entschlossen, den Dienst mit der Waffe zu verweigern und Bausoldat zu werden. Für die Totalverweigerung hatte mein Mut nicht gereicht. Ich hatte Schiss, ins Gefängnis zu kommen. Es war relativ üblich, dass die, die den Dienst mit der Waffe verweigerten, auf den letzten Drücker gezogen wurden. Ich wurde mit 26 eingezogen. Ich war verheiratet und das zweite Kind war unterwegs. Bis heute kommt mir wirklich der Kaffee hoch, wenn ich daran denke: Was ist das denn für ein Kacksystem, das in so einem Moment eine Familie auseinanderrupft?

Ich habe damals versucht, Dinge bei dem zu nehmen, was die DDR vorgab. Familie zum Beispiel. Das war im Sozialismus ein wichtiges Thema. Da gab es auch Texte und Parteitagsbeschlüsse. Ich habe das alles gelesen. In der Logik habe ich dann relativ schnell nach meiner Einberufung damit angefangen, mit den Genossen darüber zu sprechen, dass ich, wenn das Kind kommt, zu Hause sein will. Da wurde ich ausgelacht und beschimpft. Und zum nächsthöheren Dienstgrad geschickt. Ich war dann bei einem ziemlich hohen Tier gelandet, einem Generalmajor. Ihm habe ich mein Anliegen vorgetragen, erzählt, wie es ist, ein Kind gemeinsam auf die Welt zu bringen. Das war ja in der DDR nicht so üblich. Aber es war möglich. Ich hatte mit diesem Mann ein gutes Gespräch und es tat gut, zu spüren, dass er wahrnahm, worum es ging, dass er mir zuhörte. Und auch staunte. Er sagte dann: ›So machen wir es: Ich hinterlege einen Blanko-Urlaubsschein beim Offizier vom Dienst. Sie bringen ein Attest, dass die Schwangerschaft wirklich besteht, dort soll der Geburtstermin mit vermerkt werden.‹ Das war die Verabredung.

Kurz nach diesem Gespräch wurde ich von den anderen Bausoldaten getrennt. Und plötzlich saß ich den Genossen der Staatssicherheit gegenüber. Die machten mir relativ zackig klar: Was mir versprochen wurde, entspräche nicht der üblichen Vorgehensweise und sie erwarteten nun eine Gegenleistung von mir. Die wollten, dass ich für sie zu einem Spitzel werde. Ich sagte ihnen, dass wir uns gerne dort, wo wir Bausoldaten untergebracht sind, alle zusammensetzen und reden könnten. Das lehnten sie ab. Sie lockten mich mit Angeboten: Meine Frau und die Kinder könnten ganz in der Nähe in einem Bungalow wohnen und ich könnte bei ihnen übernachten. Auch Geld haben sie versprochen, wenn ich ihnen konspirativ Informationen aus der Gruppe der Bausoldaten beschaffte. Für den Fall, dass ich nicht kooperiere, haben sie mir »Schwedt« angeboten. Das hieß: Militärgefängnis. Weil ich angeblich einen Vorgesetzten geschlagen hätte. Dafür gäbe es Zeugen. Was natürlich Quatsch war.

Das Blöde war: Ich kam nicht weg. Ich habe dann auch keinen Ausgang mehr bekommen. Jeden Tag wurde ich von denen zugetextet. Und ich dachte, die lochen mich einfach ein. Zack – und du bist weg. Mir war zu diesem Zeitpunkt schon klar, dass das machbar war. Natürlich bekommt man Angst. Es ist unfassbar, zu spüren, dass die einen genau da packen wollen, wo es weh tut. Was mein Glück war: Ich habe aus Versehen die richtigen Worte gefunden. Worte, die mich letztlich geschützt haben. Ich sollte unterschreiben, dass ich über die Gespräche mit niemandem spreche. Da habe ich gesagt: ›Das mache ich nicht! Erstens würde ich meiner Frau davon erzählen, denn ich habe keine Geheimnisse vor ihr. Und zweitens würde ich mit meinem Pfarrer darüber sprechen. Denn mit ihm berede ich alles.‹ Und Letzteres hat mir wahrscheinlich den Arsch gerettet.

Es ist mir wirklich eine wichtige Erinnerung: Ich war so unter Druck und so verängstigt, dass ich wirklich daran gedacht habe, wenn ich jetzt diesen blöden Zettel unterschreibe, ist einfach Ruhe. Der Wunsch, dass dieser Druck weggeht, war echt eine blöde Versuchung, und die haben es zum Glück nicht mitbekommen. Ein, zwei Tage länger und ich hätte wahrscheinlich unterschrieben. Ich habe mir geschworen, dass ich mir das merken will: Wenn jemand umfällt, ist es keine Schande.

Ich wusste nie, ob was passiert, wann was passiert und was passiert. Und es ist ja so: In dieser Situation kannst du nicht mit jedem reden. Ich hätte meine Weggefährten damals belastet und letztlich war nicht klar, ob dort ein Spitzel dabei war. Ich habe damals mit zwei Leuten geredet. Mit dem örtlichen Pfarrer, ein liebenswerter und kluger Mann, und mit meinem Vater. Meine Frau war ja hochschwanger. Sie wollte ich nicht beunruhigen. Mein Vater war verlässlich und konnte die Klappe halten. Und der wusste auch, was zu tun ist. Wenn der mitkriegen würde, dass ich weg bin, würde er sich um meine Familie kümmern. Ich habe ihm auch Adressen von Anwälten gegeben, an die man sich wenden kann.

Einen Tag vor dem Geburtstermin bekam ich dann früh halb drei einen Verlegungsbefehl nach Prora. Die Verlegung lief so: Da stand ein LKW, auf dem Beifahrersitz saß ein Offizier, der wusste, wo es langgeht. Ein Soldat, der das Auto lenkt. Und auf die Ladefläche kam ich, der Bausoldat Ulli Keller mit seinem Krempel. Es war überhaupt nicht klar, ob die nun doch noch nach Schwedt abbiegen.

Darauf folgte eine komplexe Geschichte, die zu lang ist, um sie hier zu erzählen. Am Ende war ich trotz allem bei der Geburt unseres Kindes dabei. Danach habe ich mir geschworen, dass ich meinen Weg gehe: Mit denen nicht, keinen Zentimeter. Wo ich kann, werde ich euch das Leben zur Hölle machen. Als ich von der Armee zurückkam, habe ich schon das Gefühl gehabt: Im Zweifel können die mir nichts. Ich wusste schon, dass die mich ärgern können. Mal ein bisschen einsperren, ein bisschen beschimpfen, ein bisschen bedrängen oder so. Aber ich habe irgendwann begriffen, die kommen innerlich nicht an mich ran. Das hinterlässt ein merkwürdiges Gefühl. Eins, das im Zweifel auch ein dummer Irrtum sein kann. Ich habe das Gefühl gehabt, unverwundbar zu sein. Das war ich natürlich zu keinem Zeitpunkt, bis heute nicht. Aber als ich diesen ganzen Murks mit der Armee hinter mir hatte, war dieses Gefühl in mir drin.«

Foto: privat

In der Jungen Gemeinde mit Christian Schramm, 1977.

Foto: privat

Christian Schramm als Bausoldat auf Kurzurlaub, 1987.

Foto: Ullrich Keller

Christian Schramm bei Orgelbau Eule (ca. 1982).

Claus Gruhl

Jahrgang 1958

Claus Gruhl wächst in Bautzen auf und absolviert nach der Schule eine Berufsausbildung zum Baufacharbeiter. Nach dem Grundwehrdienst bei der NVA beginnt er 1979 ein Studium an der Fachschule für Bauwesen in Cottbus. Im November 1980 wird er aus politischen Gründen exmatrikuliert. Er geht zurück nach Bautzen, wird dort im Baumaschinenkombinat (BMK) Baufacharbeiter und wird 1981 zum Brigadier (Polier) ernannt. 1982 kündigt er und wird Mitarbeiter der Evangelisch-Lutherischen Kirchgemeinde St. Petri Bautzen. In dieser Funktion leitet er die Baugruppen bei der Sanierung des Doms in Bautzen.

1989 ist Claus Gruhl Mitbegründer des Neuen Forums Bautzen, engagiert sich in Arbeitskreisen. Nach 1990 arbeitet er parallel weiter als Betriebshandwerker der Kirchgemeinde und ist verantwortlich für alle Liegenschaften und Bauvorhaben. Er ist Mitbegründer von »Bündnis 90/Die Grünen« in Sachsen und als Stadtrat der Grünen bis heute in Bautzen politisch engagiert. Seit 2007 ist Claus Gruhl Verwaltungsleiter der Kirchgemeinde St. Petri in Bautzen.

Treffender als er selbst kann ich das politische Engagement von Claus Gruhl nicht beschreiben: »Ich habe nur einmal gewonnen in meinem Leben und das war 1989 – von da an habe ich wieder auf der Seite der Verlierer gestanden.« Vor 1989 war und danach ist er bis heute in der politischen Opposition. Seine Partei, die Grünen, hat keinen leichten Stand in Bautzen. Er sagt diesen Satz mit einem Lachen, Verbitterung schwingt nicht mit. Vielleicht ein wenig Enttäuschung. Claus Gruhl ist einer, der nachfragt, sich streitet in der Sache, nicht aufgibt, ernst wirkt und doch offenbar gern und viel lacht.

Quelle: Still aus dem Dokumentarfilm »Ein Teppich aus Persien«

»Um uns herum fiel alles zusammen«

»Ich war seit 1982 bei der Kirchgemeinde St. Petri beschäftigt als Betriebshandwerker. So nannte man das damals. Für mich war das so eine Art Ausstieg aus der öffentlichen DDR-Gesellschaft. Ich bin sozusagen in die innere Immigration gegangen. So könnte man das sagen. Ja. Ich wusste damals, dass viele Leute ausreisen wollen. Aber ich hatte ziemlich viele Freunde in Bautzen und wollte eigentlich hierbleiben. Wir haben zusammengehalten. Es kam einfach nicht in Frage. Meine sozialen Beziehungen wollte ich nicht aufgeben. Ich war damals in einem sozialistischen Baubetrieb beschäftigt als Brigadier – heute würde man sagen als Polier. Ich wollte das nicht mehr. Ich wollte mit der DDR nichts mehr zu tun haben. Mit der DDR-Gesellschaft, mit der Öffentlichkeit. Die Kirchgemeinde suchte zu dieser Zeit einen Betriebshandwerker. Das war eine Chance für mich, die habe ich genutzt.

Seit meiner Schulzeit war ich ein politischer Mensch. Es gab immer wieder Ereignisse, die das befördert haben. Während meiner Lehre war die Biermann-Ausbürgerung. Das war für mich ein gravierendes Ereignis. Weil uns in dem Zusammenhang das letzte Bisschen intellektueller Freiheit genommen wurde. In der Folge sind viele Künstler und Intellektuelle weggegangen. Die DDR-Kulturlandschaft wurde immer armseliger. Ich musste dann zur NVA. Dort habe ich ein menschenverachtendes Unrecht erlebt, welches mich jeglicher Illusionen über die demokratischen Verhältnisse in der DDR beraubt hat. Noch vor meiner NVA-Zeit hatte ich mir selbst einen Studienplatz erkämpft, obwohl ich mich nicht für drei Jahre verpflichtet hatte. Ich habe es in die eigene Hand genommen und hatte Glück. Glück damit, dass ich angenommen wurde an der Ingenieurschule in Cottbus. Ich habe dort immer gesagt, was ich denke und das war nicht parteikonform. Zum Beispiel beim Einmarsch der Sowjetunion in Afghanistan. Da habe ich nicht die offizielle Parteilinie, die uns vorgegeben wurde – wir mussten ja alle am Polituntericht teilnehmen –, nachgeplappert. Sondern ich habe ordentlich Kontra gegeben. Weil ich mich weigerte, an einer Demo teilzunehmen, wurde ich exmatrikuliert, das heißt, man hat das zum Anlass genommen, mich aus dem Studium zu schmeißen. Das war's dann mit der Karriere in der Deutschen Demokratischen Republik.

Zurück in Bautzen habe ich im Bau- und Montagekombinat in meinem Beruf als Baufacharbeiter angefangen und wurde aufgrund meiner Kenntnisse zum Brigadier befördert. Ich war in keiner Organisation Mitglied, also weder im FDGB noch in der Deutsch-Sowjetischen Freundschaft. Das war in der DDR nicht selbstverständlich, denn es wurde suggeriert, dass man in den Massenorganisationen Mitglied sein musste. Alle, die das nicht wollten, galten als Quertreiber und Querulanten. Es gab dann internen Druck. Wenn einer in einem Kollektiv der Meinung war, ich will das nicht mehr, dann haben die anderen auf ihn Druck ausgeübt, weil die der Meinung waren, wenn einer aussteigt, schadet das dem ganzen Kollektiv und man würde Nachteile daraus erleiden. Das war ein interner, selbst erzeugter Druck. Als sie dann aus unserer Brigade eine Jugendbrigade machen wollten, habe ich mich verweigert. Zur selben Zeit kam das Angebot aus der Kirchgemeinde. Und das habe ich genutzt.

Es stand damals im Raum, dass wir den Dom sanieren müssen, das heißt, die Dachdeckung der Turmhaube des Doms erneuern. Das Kupfer, das wir dafür benötigten, das hatten wir von einer Kirchgemeinde aus dem Westen bekommen. 1985 erhielten wir dann die Genehmigung, das Kupfer für die Arbeiten einsetzen zu dürfen. Und dann wurde geplant: Es gab ein landeskircheneigenes Gerüst, aber keinen Kran oder so. Das bedeutete aber, dass man sehr viele Helfer brauchte, um das Gerüst aufzustellen. Wir haben dann in der Gemeinde eine Umfrage gemacht und bis zu 140 ehrenamtliche Helfer auf die Beine gestellt. An insgesamt vier Wochenenden wurde der Domturm eingerüstet. Ich hatte die Aufgabe, die ganzen Helfer zu koordinieren und auch das ganze Drumherum: Das ging bei der Verpflegung los und endete bei der Sicherheit. Stück für Stück haben wir das

Gerüst aufgebaut. Die Stangen und die Einzelteile wurden Stück für Stück nach oben gegeben. Auf jeder Etage standen Leute. 84 Etagen hatten wir. Das war eine gewaltige Sache. Das war eine beeindruckende Gemeinschaftsleistung.

Das hat natürlich auch etwas damit zu tun, dass man damals insgesamt solidarischer war. Aber ich möchte das nicht glorifizieren. Es war natürlich auch aus der Situation heraus, dass man mehr oder weniger zusammen eingesperrt gewesen ist und es in der DDR Mangel an allen Ecken und Enden gab. Das hat eine Solidargemeinschaft hervorgebracht, die zusammengehalten hat. In den Betrieben war das ja genauso. Da wurde viel vom Kollektiv geredet. Das war in vielerlei Hinsicht sicher auch ehrlich gemeint, weil die Leute sich gegenseitig geholfen haben. Mangels Alternativen haben sie auch gern gemeinsam gefeiert.

Die Junge Gemeinde haben wir eigentlich immer als eine Plattform gesehen, um politische Diskussionen zu führen, die sich kritisch mit der DDR und den Verhältnissen auseinandersetzten. Wir haben dort versucht, Informationen zu verbreiten, die man offiziell nicht bekam. In der ganzen Umweltproblematik, zum Beispiel. Das war uns wichtig. Wir hatten auch über Mittelspersonen Kontakt zur Umweltbibliothek in Berlin. Haben uns dort die ›Umweltblätter‹ besorgt und darüber geredet. Wir haben uns über Bücher unterhalten, die es in der DDR nicht zu kaufen gab. Die Militarisierung in sämtlichen Bereichen des Lebens hat uns beschäftigt. Auch die Verhältnisse in Bautzen: speziell die Altstadt. Um uns herum fiel alles zusammen. Oder brannte ab. Das waren dann Brandruinen, die wurden abgerissen. Und so kam ein Haus nach dem anderen an die Reihe. Da haben wir uns große Sorgen gemacht. So wie über die Verhältnisse in den Schulen, was den Kindern gelehrt wurde.

In den 1980er Jahren haben wir gesehen, was in der Sowjetunion passierte: Gorbatschow mit seiner Perestroika. Da haben wir gehofft, dass das auch in der DDR kommen würde. Dass das überschwappen würde. Aber dann musste man feststellen, dass das ganze Gegenteil der Fall war: Die

DDR hat sich auch gegenüber der Sowjetunion abgeschottet. Der Kulminationspunkt war das Verbot der Zeitschrift ›Sputnik‹ im November 1988. Da brach für uns die Illusion zusammen, dass sich auch bei uns etwas verändern würde. Wir mussten die Hoffnung begraben, dass sich in der DDR etwas bewegen würde.«

Foto: Rolf Dvoracek

Eingerüsteter Turm des Doms St. Petri.

Foto: Rolf Dvoracek

Foto: Rolf Dvoracek

Sprengung der Spreegasse in Bautzen, August 1988.

Foto: Rolf Dvoracek

Einsturz Tauscher-Haus Schulstraße.

Foto: Rolf Dvoracek

Heringstraße nach Sprengung 1988.

Foto: Rolf Dvoracek

Nächtlicher Einsturz Hinterhaus Reichenstraße im April 1986.

Foto: Rolf Dvoracek

Schloßstraße.

Foto: Miroslaw Nowotny

Heringstraße Ecke Hohengasse.

Christa Kämpfe
Jahrgang 1946

Christa Kämpfe wächst in Penig auf. Sie studiert Architektur an der Technischen Universität Dresden. Nach ihrem Diplom-Abschluss 1971 wird sie Mitarbeiterin der Projektierungsabteilung des VEB Denkmalpflege Dresden in der Außenstelle Bautzen. Sie verantwortet zum Beispiel Projekte zur Sanierung und Rekonstruktion der Villa Weigang, der Alten Wasserkunst und des Lauenturmes. 1989 schließt sie sich dem Neuen Forum Bautzen an und engagiert sich in der »Arbeitsgruppe Bauen, Schützen, Pflegen«, die zahlreiche Häuser in der Bautzener Altstadt vor der geplanten Sprengung rettet. 1991 wird Christa Kämpfe Leiterin der Unteren Denkmalschutzbehörde in der Stadtverwaltung Bautzen und arbeitet in diesem Amt bis zu ihrer Pensionierung im Jahr 2004. Seit 2006 ist sie ehrenamtliche Vorsitzende des Ortskuratoriums Bautzen der Deutschen Stiftung Denkmalschutz. Sie ist Autorin zahlreicher Publikationen zu stadt- und baugeschichtlichen Themen.

Christa Kämpfe kenne ich nicht anders als mit einem Lächeln im Gesicht. Und mit einer großen Portion Energie. Es scheint, als kenne sie jedes Haus, jeden Pflasterstein in der Altstadt von Bautzen. Wie beherzt und mit welcher Energie letztlich die Bautzener Altstadt von Menschen wie ihr gerettet wurde, das sollte im Unterricht in Bautzen erzählt werden. Die zerfallende Stadt, die Bedrohung durch Abriss und Sprengung hat damals Menschen politisiert, wie wir es uns heute gar nicht mehr vorstellen können.

Quelle: Still aus dem Dokumentarfilm »Ein Teppich aus Persien«

»Diese furchtbare Zerstörung der Stadt, dieser Zerfall, das war so, als ginge ein Stück deiner Heimat verloren«

»Es gab so einen Slogan: ›Ruinen schaffen ohne Waffen.‹ Das war wirklich bezeichnend. Denn die Häuser, die in der Altstadt von Bautzen kaputt waren, wurden ja nicht im Krieg zerstört, sondern durch Vernachlässigung. Selbst bei den Häusern der Reichenstraße war das so. In jeder Stadt, die etwas auf sich hielt, wurde eine Straße zum sogenannten Boulevard ausgebaut, das war so eine Aktion in der DDR. Schöne Geschäfte und ein paar Anlagen dazu. In Bautzen war das die Reichenstraße. Aber in Bautzen hatte es eine dramatische Seite, denn in der Reichenstraße zum Beispiel, wurden nur die Vorderseiten der Dächer gedeckt. Die hinteren Dachseiten blieben kaputt. Die Dachböden standen voller Badewannen, um das Regenwasser aufzufangen, denn überall regnete es herein.

Diese furchtbare Zerstörung der Stadt, dieser Zerfall. Das war so, als ginge ein Stück deiner Heimat verloren. Die Schülerstraße zum Beispiel konntest du nur noch über einen Laufgang betreten, denn es stürzten Steine und Ziegel zu Boden.

Ich bin Architektin, hatte mich schon zeitig in der Denkmalpflege spezialisiert und war im VEB Denkmalpflege Dresden in der Außenstelle Bautzen beschäftigt. Das war schon eine privilegierte Arbeit. Es war so, als würde man Elitepatienten behandeln. Für die Wasserkunst haben wir die Treppenanlage konstruiert, oder für die Villa Weigang die durch den Krieg zerstörte Kuppel realisiert. Das waren wunderbare Aufgaben. Und es sind in der Zeit auch sehr schöne Zeichnungen entstanden. Aber man durfte nicht nach rechts und nicht nach links blicken. Denn rundherum zerfielen die Häuser.

Für mich und meine Familie hat es nie zur Diskussion gestanden, hier nicht mehr bleiben zu wollen, also wegzugehen Richtung Westen. Da habe ich erst neulich ein Zitat von Professor Nadler in der Hand gehabt, der mein Lehrer war und ein bedeutender Denkmalpfleger in der DDR. In gewisser Weise waren wir auch ein bisschen befreundet. Er hat damals gesagt: ›Ärzte, Pfarrer und Denkmalpfleger müssen bei ihren Patienten bleiben. Sie dürfen nicht weggehen.‹ In der DDR gab es eine Grundhaltung. Von Anfang an baute man lieber neu, als zu erhalten. Die Wartung und Pflege der Bauten spielte in der DDR keine Rolle. Es war auch eine wirtschaftliche Frage. Und es machte sich natürlich einfacher, wie im Bautzner Stadtteil Gesundbrunnen, hunderte neue Wohnungen zu bauen, als in der Altstadt zu sanieren und dort zu bauen. Versuche hat es gegeben. Ich denke an das Karree am Fleischmarkt und an die Kornstraße. ›Bauen in der Innenstadt‹: Anfang 1970 machte Bautzen damit auch innerhalb der DDR auf sich aufmerksam. Insgesamt entstanden dort 60 bis 65 Wohnungen mit gutem Komfort, Zentralheizung, Bädern und so weiter. Das waren beliebte Wohnungen. Aus denkmalpflegerischer Sicht war dort nicht alles, wie man es sich gewünscht hätte. Und trotzdem war das ein Durchbruch, auch um zu zeigen, man kann in der Altstadt wohnen. Man wollte dort weitermachen. Von der Inneren Lauenstraße ausgehend in die Kesselstraße hinein. Dort sollte das nächste Quartier gebildet werden. Aber dann fehlten die wirtschaftlichen Möglichkeiten und es war auch so, dass viel nach Berlin abgezogen wurde.

Dann gab es eine neue Planung für die Altstadt. Das Vorhaben hieß ›Westliche Kernstadt‹. Am Rande der Stadt stand das Betonwerk. Das Neubaugebiet Gesundbrunnen war von den Gebäuden her fertiggestellt und nun suchte man neue Aufgaben für das Betonwerk. Und da entstand die Idee, die Platte in der Altstadt zu verbauen. Man wollte Straßen begradigen, alte Häuser wegreißen und mit Betonplatten neu aufbauen. Es gab eine öffentliche Vorstellung des Projektes. Da sah man dann auch, dass Flachdächer vorgesehen waren, also keine Satteldächer mit Dachziegeln. Nein! Es waren Flachdächer geplant. Das alles erregte Unmut in der Bevölkerung. Ich war auch dagegen. Ich wollte mir das einfach nicht vorstellen, dass Altstadt-Straßen, deren Verlauf seit Jahrhunderten Bestand hatte, begradigt werden sollten, nur damit Betonplatten verwendet werden konnten. Das wäre ein dramatischer Eingriff in eine Altstadt, in unsere Stadt.

›Das können wir uns nicht gefallen lassen. Den Verlust unserer Altstadt können wir nicht so hinnehmen‹, so dachte ich damals. Und mir ging es nicht alleine so.«

Foto: Miroslaw Nowotny

In der Altstadt von Bautzen.

Kapitel 2: Aufbruch ohne Abschied

Foto: Rolf Dvoracek

Blick vom Balkon im Bautzener Neubauviertel Gesundbrunnen.

Foto: Rolf Dvoracek

Die »Himmelsleiter« im Neubauviertel Gesundbrunnen.

Claus Gruhl
»Wir haben uns damals gesagt: Wir machen das jetzt einfach!«

»Die Wahl am 7. Mai 1989 und der ganz offensichtliche Wahlbetrug – das hat das Fass zum Überlaufen gebracht. Auch von uns aus der Jungen Gemeinde und darüber hinaus sind Leute in die Wahllokale und haben bei der Stimmenauszählung zugeschaut und ganz genau Notizen gemacht: Wieviel ungültige Stimmen oder Neinstimmen gab es? Wir wussten damals, dass die offiziellen Wahlergebnisse in der DDR keine realen Ergebnisse waren, aber wir wollten es nachweisen. Von Bautzen weiß ich die Zahl nicht mehr genau. Aber der Wahlbetrug war offensichtlich geworden. Da haben sich viele Leute aufgeregt, nicht nur aus der Jungen Gemeinde. Der Unmut nahm immer mehr zu. Dann kam die Ausreisewelle. Es wurden immer mehr Ausreiseanträge gestellt und die Leute wurden zum Teil auch rausgelassen. Die Botschaftsbesetzungen folgten. Mit Warschau ging das los.

Wir haben uns nicht gefreut über die ganzen Leute, die wegwollten. Man muss das heute im Blickwinkel der damaligen Zeit sehen: Wir haben uns auch ein kleines Stück verraten gefühlt von den Leuten, die damals gegangen sind. Das ist jetzt etwas überspitzt formuliert, aber so war das Gefühl: Die gehen alle weg und wir müssen versuchen, hier etwas zu verändern. Im Nachhinein muss man sagen, dass die, die gehen wollten, ordentlich Druck gemacht haben auf dem Kessel, was dann zu den anderen Ereignissen führte. Aber man konnte damals nicht einschätzen, wie groß der Druck war.

Wir brauchten etwas, was nicht nur auf Bautzen begrenzt war. Wir wollten unsere Oppositionsarbeit auch nicht nur auf die Junge Gemeinde begrenzen, sondern wir wollten mehr in die Öffentlichkeit. Als dieser Aufruf vom Neuen Forum kam, haben wir gedacht, das ist die Gelegenheit, eine Plattform zu schaffen, um viele Leute versammeln zu können. Um etwas auszuleben, was die DDR reformieren könnte. Unsere Informationen bekamen wir damals aus dem

Deutschlandfunk. Und so haben wir erfahren, dass auch die Zittauer – und speziell die aus Großhennersdorf – dabei sind. Irgendwie haben wir eine Verbindung hergestellt zu Thomas Pilz. Er gehörte zu den Unterzeichnern des Aufrufs des Neuen Forums. Er sagte: ›Ihr könnt eine Kopie haben. Ihr müsst nur herkommen und sie abholen.‹ Post kam dafür nicht in Frage und andere Übermittlungsmethoden gab es damals nicht. Also bin ich hingefahren. Heute werde ich oft gefragt, ob ich damals Angst hatte, denn das Neue Forum war ja verboten. Aber man hatte das damals verdrängt. Wir haben damals gesagt: ›Wir machen das jetzt einfach.‹

Christian Schramm war Bezirkskatechet. Das ist so eine Art übergeordneter Gemeindepädagoge. Er hatte einen Dienstwagen, einen Trabant. Den hat er mir zur Verfügung gestellt. Er selbst konnte nicht fahren, es wäre für ihn als Bezirkskatechet sehr schwierig geworden, wenn die Polizei ihn mit dem Aufruf erwischt hätte. Also bin ich gefahren. Ich weiß noch, wie ich mit dem Thomas Pilz auf der Treppe vor so einem Neubau saß. Es war ein warmer Tag. ›Ihr müsst aber hinten auf den Aufruf eine Kontaktadresse in Bautzen schreiben. Wir haben eine Kontaktadresse hier in Zittau auf unserem Aufruf – aber ihr müsst eine eigene Adresse in Bautzen drauf schreiben. Nur so könnt ihr den Aufruf in Bautzen verteilen‹, sagte er mir.

Zurück in Bautzen habe ich überlegt und mit meiner Frau gesprochen. Na ja, und dann haben wir natürlich meine Adresse drauf geschrieben. Mein Name und meine Adresse standen da als Kontaktperson auf dem Aufruf des Neuen Forums Bautzen.

Tja, und dann ging es darum, das zu vervielfältigen. Damals gab es keine Kopiertechnik, wie man sie heute kennt. Es gab in den Pfarrämtern aber so genannte Hektografiegeräte. Das waren Maschinen, da wurde auf eine Matrize geschrieben. Die wurde dann eingespannt und dann wurde das Papier handbedruckt. Man drehte an einer Kurbel und dann kam die Matrize auf ein Blatt Papier, das bedruckt wurde. Jede Umdrehung – ein Blatt Papier. Aber in unserem Pfarramt

St. Petri ging kein Weg rein. Der damalige Chef ließ das nicht zu. Mein Schwager war Pfarrer in Gröditz. Ich habe ihn gefragt und er sagte: ›Komm vorbei!‹

Also bin ich dort hingefahren – wieder mit dem Dienst-Trabant vom Christian Schramm – und wir haben es dort dreihundertmal vervielfältigt. In Bautzen gab es so einen harten Kern von Leuten, die das Neue Forum darstellten. Unter uns haben wir die Aufrufe aufgeteilt und jeder hat diese dann an Personen, zu denen er Vertrauen hatte, weitergegeben. Rein konspirativ. Denn man konnte sich damals nicht auf die Straße stellen und diese offiziell verteilen. Das war undenkbar. Die Blätter wurden uns förmlich aus der Hand gerissen. Es kamen immer mehr Leute und fragten: ›Wo kann ich mitmachen?‹

Im Arbeitszimmer von Christian Schramm fanden dann die Treffen statt, wir wurden immer mehr. Irgendwann haben wir überlegt: Was machen wir? Organisieren wir eine Demonstration? Wir haben uns gegen Demonstrationen entschieden. Zum einen wollten wir nicht, dass sich die Ausreisewilligen mit draufsetzen. Wir hatten aber auch das Gefühl, dass wir in Bautzen nicht so viele Menschen auf die Straße bekommen würden.

Eines Tages, es war der 6. Oktober 1989, saßen wir wieder im Arbeitszimmer vom Christian Schramm zusammen und haben diskutiert. Plötzlich kommt einer rein: ›Auf dem Postplatz ist eine Demo! Vom Neuen Forum!‹ Wir waren völlig überrascht. Denn wir, die eigentlich das Neue Forum in Bautzen repräsentierten, hatten nichts gemacht. Wir hatten dazu nicht aufgerufen. Bis heute wissen wir nicht, wer dahintersteckte. Vielleicht war es am Ende auch eine Provokation der Stasi selbst, um Menschen aus der Reserve zu locken. Das ist möglich. Es kursierten Zettel mit der Aufschrift Neues Forum. Das haben wir aber alles erst im Nachhinein erfahren. In dem Moment haben wir noch mitbekommen, wie die Polizei zuschlug und Menschen mitnahm. Wir wollten dann nur noch in Erfahrung bringen: Wen haben sie verhaftet? Sind Leute dabei, die wir kennen?

Wir wollten dann am 16. Oktober 1989 eine große Veranstaltung machen und fingen an, zu planen. Wir brauchten einen großen Saal. Staatliche Einrichtungen kamen nicht in Frage, denn das Neue Forum war zu diesem Zeitpunkt illegal. Also kam nur eine Kirche in Frage und die Maria-und-Martha-Kirche war unsere erste Wahl. Nun mussten wir das nur noch beim Kirchenvorstand durchkriegen. Und der war bei St. Petri gespalten: 50 Prozent waren dafür, 50 Prozent waren dagegen. Die waren nicht so revolutionär, sage ich einmal. Sie waren auf Vorsicht bedacht und hatten Angst, dass etwas passieren könnte. Da mussten wir ganz schön Überzeugungsarbeit leisten. Letztlich haben sie es genehmigt.

Ich war ja Betriebshandwerker der Gemeinde und hatte eine Bautruppe, mit der ich damals jeden Sonnabend am Dom, der noch nicht ganz fertig war, gearbeitet habe. Diese Leute habe ich gleich als Sicherheitstruppe für die Veranstaltung in der Maria-und-Martha-Kirche rekrutiert, auch weil der Kirchenvorstand von uns verlangt hatte, dass wir dafür sorgen müssten, dass nichts passiert. Auch wir hatten damals die Befürchtung, dass es zu Provokationen seitens der Stasi kommen könnte. Dass die versuchen, eine Eskalation herbeizuführen, um einen Grund zu liefern, warum die Polizei einschreiten muss. Dafür hatten wir dann unsere Sicherheitstruppe. Die haben wir an den Rändern im Raum verteilt.

Es waren Unmassen an Leuten da. Etwas mehr als 1000 Menschen pro Veranstaltung. Im Großen und Ganzen war es friedlich und harmlos und alle gingen auseinander. Hinterher haben sich etliche Leute gemeldet, die mitmachen wollten beim Neuen Forum. Es waren so viele, dass wir uns etwas einfallen lassen mussten, um es zu koordinieren. Daher haben wir unterschiedliche Arbeitsgruppen gebildet.

Nach dieser Veranstaltung in der Maria-und-Martha-Kirche wurden wir in andere Gemeinden gerufen, um das Neue Forum vorzustellen. Wir haben uns aufgeteilt, Gruppen gebildet und sind in die Dörfer rund um Bautzen gefahren und haben dann dort in Kirchen oder Gemeinderäumen erzählt, was das Neue Forum ist und was wir wollen.«

Aufbruch 89 · NEUES FORUM

In unserem Lande ist die Kommunikation zwischen Staat und Gesellschaft offensichtlich gestört. Belege dafür sind die weitverbreitete Verdrossenheit bis hin zum Rückzug in die private Nische oder zur massenhaften Auswanderung. Fluchtbewegungen in diesem Ausmaße sind anderswo durch Not, Hunger und Gewalt verursacht. Davon kann bei uns keine Rede sein.

Die gestörte Beziehung zwischen Staat und Gesellschaft lähmt die schöpferischen Potenzen unserer Gesellschaft und behindert die Lösung der anstehenden lokalen und globalen Aufgaben. Wir verzetteln uns in übelgelaunter Passivität und hätten doch Wichtigeres zu tun für unser Leben, unser Land und die Menschheit.

In Staat und Wirtschaft funktioniert der Interessenausgleich zwischen den Gruppen und Schichten nur mangelhaft. Auch die Kommunikation über die Situation und die Interessenlage ist gehemmt. Im privaten Kreis sagt jeder leichthin, wie seine Diagnose lautet und nennt die ihm wichtigsten Maßnahmen. Aber die Wünsche und Bestrebungen sind sehr verschieden und werden nicht rational gegeneinander gewichtet und auf Durchführbarkeit untersucht. Auf der einen Seite wünschen wir uns eine Erweiterung des Warenangebotes und bessere Versorgung, andererseits sehen wir deren soziale und ökologische Kosten und plädieren fürd die Abkehr von ungehemmtem Wachstum. Wir wollen Spielraum für wirtschaftliche Initiative, aber keine Entartung in eine Ellenbogengesellschaft. Wir wollen das Bewährte erhalten und doch Platz für Erneuerung schaffen, um sparsamer und weniger naturfeindlich zu leben. Wir wollen geordnete Verhältnisse, aber keine Bevormundung. Wir wollen freie, selbstbewußte Menschen, die doch gemeinschaftsbewußt handeln. Wir wollen vor Gewalt[…] geschützt sein und dabei nicht einen Staat von Bütteln und Spitzeln ertragen müssen. Faulpelze und Maulhelden sollen aus ihren Druckposten vertrieben werden, aber wir wollen dabei keine Nachteile für sozial Schwache und Wehrlose. Wir wollen ein wirksames Gesundheitswesen für jeden; aber niemand soll auf Kosten anderer krank feiern. Wir wollen an Export und Welthandel teilhaben, aber weder zum Schuldner und Diener der führenden Industriestaaten noch zum Ausbeuter und Gläubiger der wirtschaftlich schwachen Länder werden.

Um all diese Widersprüche zu erkennen, Meinungen und Argumente dazu anzuhören, bedarf es eines demokratischen Dialogs über die Aufgaben des Rechtsstaates, der Wirtschaft und der Kultur. Über diese Fragen müssen wir in aller Öffentlichkeit, gemeinsam und im ganzen Land, nachdenken und miteinander sprechen. Von der Bereitschaft und dem Wollen dazu wird es abhängen, ob wir in absehbarer Zeit Wege aus der gegenwärtigen krisenhaften Situation finden. Es kommt in der jetzigen gesellschaftlichen Entwicklung darauf an,

- daß eine größere Anzahl von Menschen am gesellschaftlichen Reformprozeß mitwirkt,
- daß die vielfältigen Einzel- und Gruppenaktivitäten zu einem Gesamthandeln finden.

Wir bilden deshalb gemeinsam eine politische Plattform für die ganze DDR, die es Menschen aus allen Berufen, Lebenskreisen, Parteien und Gruppen möglich macht, sich an der Diskussion und Bearbeitung lebenswichtiger Gesellschaftsprobleme in diesem Land zu beteiligen. Für eine solche übergreifende Initiative wählen wir den Namen

NEUES FORUM.

Quelle: Privatarchiv Ullrich Keller

Quelle: Privatarchiv Ullrich Keller

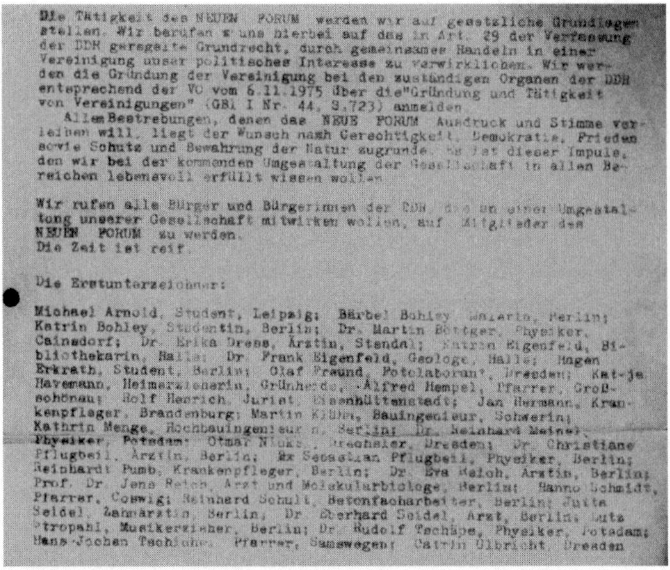

Die Tätigkeit des NEUEN FORUM werden wir auf gesetzliche Grundlagen stellen. Wir berufen uns hierbei auf das in Art. 29 der Verfassung der DDR geregelte Grundrecht, durch gemeinsames Handeln in einer Vereinigung unser politisches Interesse zu verwirklichen. Wir werden die Gründung der Vereinigung bei den zuständigen Organen der DDR entsprechend der VO vom 6.11.1975 über die "Gründung und Tätigkeit von Vereinigungen" (GBl I Nr. 44, S.723) anmelden.

Allen Bestrebungen, denen das NEUE FORUM Ausdruck und Stimme verleihen will, liegt der Wunsch nach Gerechtigkeit, Demokratie, Frieden sowie Schutz und Bewahrung der Natur zugrunde. Es ist dieser Impuls, den wir bei der kommenden Umgestaltung der Gesellschaft in allen Bereichen lebensvoll erfüllt wissen wollen.

Wir rufen alle Bürger und Bürgerinnen der DDR, die an einer Umgestaltung unserer Gesellschaft mitwirken wollen, auf, Mitglieder des NEUEN FORUM zu werden.
Die Zeit ist reif.

Die Erstunterzeichner:

Michael Arnold, Student, Leipzig; Bärbel Bohley, Malerin, Berlin; Katrin Bohley, Studentin, Berlin; Dr. Martin Böttger, Physiker, Cainsdorf; Dr. Erika Drees, Ärztin, Stendal; Katrin Eigenfeld, Bibliothekarin, Halle; Dr. Frank Eigenfeld, Geologe, Halle; Hagen Erkrath, Student, Berlin; Olaf Freund, Fotolaborant, Dresden; Katja Havemann, Heimerzieherin, Grünheide; Alfred Hempel, Pfarrer, Großschönau; Rolf Henrich, Jurist, Eisenhüttenstadt; Jan Hermann, Krankenpfleger, Brandenburg; Martin Klähn, Bauingenieur, Schwerin; Kathrin Menge, Hochbauingenieurin, Berlin; Dr. Reinhard Meinel, Physiker, Potsdam; Otmar Nickel, Drechsler, Dresden; Dr. Christiane Pflugbeil, Ärztin, Berlin; Dr. Sebastian Pflugbeil, Physiker, Berlin; Reinhardt Pumb, Krankenpfleger, Berlin; Dr. Eva Reich, Ärztin, Berlin; Prof. Dr. Jens Reich, Arzt und Molekularbiologe, Berlin; Hanno Schmidt, Pfarrer, Coswig; Reinhard Schult, Betonfacharbeiter, Berlin; Jutta Seidel, Zahnärztin, Berlin; Dr. Eberhard Seidel, Arzt, Berlin; Lutz Stropahl, Musikerzieher, Berlin; Dr. Rudolf Tschäpe, Physiker, Potsdam; Hans-Jochen Tschiche, Pfarrer, Samswegen; Catrin Ulbricht, Dresden

Original Aufruf Neues Forum.

Georg Kanig
»Wie konnte es eigentlich zum Verlust an Selbstbewusstsein bei den Menschen kommen?«

»Ja, der Kirchenvorstand war gespalten. Es gab welche, die sagten: ›Wir wollen keine polnischen Verhältnisse haben.‹ 1981 war dort der Kriegszustand ausgerufen worden. Noch am Vorabend der geplanten Veranstaltung in der Maria-und-Martha-Kirche haben wir im Arbeitszimmer von Christian Schramm diskutiert. Dabei waren Vertreter des Neuen Forums und des Kirchenvorstandes. Ich bin früher nach Hause gegangen, denn das nahm kein Ende. So gegen halb elf war ich zu Hause. Da klingelte das Telefon. Eine weibliche Stimme spricht: ›Ich habe alles gesehen und ich weiß, wer Sie sind. Ich habe alles gesehen und weiß, wer Sie sind. Ich habe alles gesehen und ich …‹ – Also offenbar eine Schleife. Da kann man sich an drei Fingern abzählen, wo das herkam. Aus der Kreisdienststelle des Ministeriums für Staatssicherheit. Offenbar war mir jemand gefolgt. Hatte gesehen oder gewusst, dass ich dort mit dem Kirchenvorstand zusammen war. Es kann auch sein, dass es Zuträger gab. Jedenfalls haben die mich angerufen, um mich einzuschüchtern. Ich weiß noch, dass ich darüber wütend war.

Am nächsten Tag fand die Veranstaltung dann in der Maria-und-Martha-Kirche statt. Ich war verblüfft, als ich die vielen Menschen vor der Kirche sah. Vorn in der Kirche auf dem Podest hatten wir einen Tisch und Stühle aufgestellt. Ich saß ganz links, denn ich musste das Protokoll schreiben. Das habe ich immer im Kirchenvorstand gemacht, weil das sonst niemand machen wollte. Pfarrer Simmgen, Pfarrer Zimmermann und Pfarrer Schulze saßen mit oben. Christian Schramm, Ulli Keller und die Leute vom Neuen Forum, die saßen unten in der ersten Bank. Es war eine riesige Menschenmenge, wir mussten dann die Kirche zumachen und haben nach zwei Stunden noch eine Veranstaltung gemacht. In jeder waren sicher 1.200 Menschen drin.

Was mich beeindruckt hat, war die Atmosphäre: Es war ernsthaft, authentisch und diszipliniert. Die Leute haben sich ihre Beschwernisse von der Seele geredet. Und ich habe alles aufgeschrieben. Daraus ist das Protokoll der Veranstaltung entstanden: Das Erste war die schwerwiegende Skepsis gegenüber der angekündigten Wende, weil die Partei und der Staat jegliche Glaubwürdigkeit verloren hatten. Ist das politische System überhaupt noch wandlungsfähig? Oder muss es völlig abgeschafft werden? Auch die Medien hatten ihre Glaubwürdigkeit verloren. Es gab Protest gegen das Bildungssystem, gegen Gängeleien und Bevormundung innerhalb jeglicher Institution. Zum Beispiel durfte einer nur Meister werden, wenn er in die SED eintrat. Der Wunsch nach freien, offenen, ehrlichen und wahrhaft demokratischen Wahlen wurde kundgetan. Dass die Medien das brutale Vorgehen der Sicherheitsorgane verschwiegen hatten, wurde angeprangert. Die Frage wurde laut: Was geschieht mit den Gefangenen, mit den nach Bautzen Zugeführten? Die Angst vor den Sicherheitsorganen, die Umweltverschmutzung, die Zerstörung der Stadt und Reisefreiheit, natürlich – das waren die Themen der Leute. Die Arbeiter wehrten sich gegen jegliche Schuldzuweisung für die Situation im Land. Wie konnte es eigentlich zum Verlust an Selbstbewusstsein bei den Menschen kommen, dass alle wie die Schafe dahingetrottet sind, ihre Zettel eingeworfen haben, aber nicht authentisch waren?

Warum haben wir das aufgeschrieben? Weil wir das nutzen wollten als Grundlage für ein Gespräch mit einem Stadtverordneten, dem Bürgermeister und dergleichen. Das war am 16. Oktober 1989. Zwei Tage später trat Honecker zurück. Die Leute haben sich selbst ermächtigt, das war spürbar. Jeden Tag passierte etwas. Aber in diesem Zustand wusste niemand, wie das ausgeht. Die Menschen wurden mutiger, aber einige von ihnen wurden auch aggressiver. Man merkte, wie von Woche zu Woche die Unruhe und Aggressivität zunahmen.«

Ev.-Luth. Kirchenvorstand
St. Petri Bautzen

Zusammenstellung nach dem Protokoll Kanig vom 16.10.1989

Zusammenstellung der wesentlichen Äußerungen während der Diskussion anläßlich der zwei aufeinanderfolgenden Veranstaltungen am Gemeindeabend vom 16.10.1989 in der Maria-und-Martha-Kirche

1. Schwerwiegende Skepsis gegenüber einer angekündigten echten WENDE; IRRITATION über plötzlichen Wandel
   - Verlust der Glaubwürdigkeit von Partei/ Staat/ Parteien/ gesellschaftliche Organisationen.
   - Ist das politische System überhaupt noch wandlungsfähig?
   - Verantwortliche tun jetzt, als seien sie immer schon für den Dialog gewesen.
   - Wunsch nach KONKRETEN Vorschlägen der Regierung / Partei(en).

2. Die Medien haben ihre Glaubwürdigkeit verloren.
   - Forderung nach Ehrlichkeit und Wahrheit.
   - Abkehr von verordneter Medienharmonie!
   - Forderung nach Freiheit der Meinungsäußerung in den Medien.
   - Wird die Presse über diesen Abend berichten?

3. Wunsch nach wahrheitsgemäßer Information über das NEUE FORUM (NF).
   - Warum hat die Regierung Angst vor NF, wenn sie so stark ist?
   - NF staatsfeindlich?
   - NF neonazistisch?
   - Rolle als politische Partei?
   - Programm des NF?
   - Wieso wird man über das NF ausführlich nur in der Kirche informiert?
   - Bitte um Unterschriftensammlung für NF.

4. Wunsch nach ehrlichem, durchschaubarem und offenem Wahlsystem.

5. Wunsch nach Veränderungen im Bildungssystem. (Druck in den Schulen, Drohung bei Meisterlehrgang)

6. Wendung gegen jede Gängelei und Bevormundung, auch innerhalb politischer und gesellschaftlicher Organisationen (Genossen mußten vorgegebene Meinung vertreten).

7. Wo stehen staatliche Vertreter / Genossen tatsächlich zum offenen Dialog bereit, z.B. an so einem Abend?

8. Hat der Staatsratsvorsitzende auf den Brief der Konferenz der Evangelischen Kirchenleitungen geantwortet?

9. Hätte eine "Opposition" nicht durchaus eine positive und regulierende Funktion? Bringen "Widersprüche" nicht voran?
   Die führende Rolle nur einer Partei kann zu einer scheinbaren Harmonie führen. Deshalb neue Formierungen wichtig (NF, SDP, Demokratischer Aufbruch, ...).
   Welche Rolle haben die Blockparteien? Antwort: CDU sucht "sauberes Gesicht", ehrlichen Dialog.
   (SED-Mitglied hat von philosophischer Position aus ehrlich um Wahrheit und Wahrhaftigkeit gerungen; findet sie an diesem Abend in der Kirche).

Quelle: Privatarchiv Georg Kanig

10. Ablehnung von Gewalt bei allen politischen Äußerungen.

11. Brutales Vorgehen der Sicherheitsorgane wurde in den Medien verschwiegen.
Was geschieht mit den Gefangenen?
Angst vor den Staatssicherheitsorganen.

12. Wichtigkeit und Recht auf friedliche Meinungsäußerung durch gewaltlose Demonstrationen.

13. Wunsch nach zivilem Wehrersatzdienst.
Bitte um Information zum Stand der Gespräche.

14. Schlechte Waren- und Materialbereitstellung fördern Schiebere Betrug, Korruption;
Forderung nach Ehrlichkeit, Opferbereitschaft und Mut bei echter "Wende", jeder an seinem Ort.

15. Problematik der Umweltverschmutzung.

16. Zerstörung der Stadt durch 40-jährige Vernachlässigung.

17. Vorschlag: höhererÖffentlichkeitgrad der Stadtverordnetenversammlung und effektive Kontrolle der Abgeordneten.

18. Frage nach Rolle des Freidenkerverbandes in Zusammenhang mit der Wende.

19. Forderung nach Reisefreiheit gen Ost und West /
Botschaftsbesetzer erhalten erzwungenermaßen Ausreise; andere illegal Ausreisewillige werden strafrechtlich zur Verantwortung gezogen.

20. Arbeiter wehren sich gegen jegliche Schuldzuweisung an der jetzigen prekären Lage.

21. Wie konnte es zu dem "Verlust an Selbstbewußtsein" kommen?
Folge von Angst, Unehrlichkeit, Unterwürfigkeit.

22. Abkehr von der Taktik: An allem sind die anderen, besonders die BRD, schuld!

23. Wunsch nach Überarbeitung des gegenwärtigen Lohnsystems.

24. Ist die Kirche ein "Machtfaktor" gegen den Staat?

25. Wunsch nach Nachfolgeveranstaltungen außerhalb der Kirche, z.B. Theater, aber auch Bitte um Wiederholung/Weiterführung in der Kirche.

26. Dank an Veranstalter, an offene und ehrliche Atmosphäre in der Kirche. Staat und VEB bieten nichts an.

Bautzen, 23.10.1989

[Unterschrift], Pfarrer [Unterschrift], Pfarrer
Pfarramtsleiter Vorsitzender des Kirchenvorstandes

Von Georg Kanig geschriebene Zusammenfassung nach seinem Protokoll vom 16.10.1989.

Mirko Brankatschk
»Für Euphorie war kein Platz. Vielleicht haben wir es auch gar nicht begriffen, rational nicht und auch emotional nicht«

»Jetzt müssen wir das machen. Oder wir rudern zurück und machen ein anderes Leben. Das war unsere Abmachung im Sommer 1989. Wir waren zu dritt. Im August standen wir jeden Tag in Korrespondenz: ›Morgen? Nee, wir warten.‹ Angst, Respekt – das waren unsere Gefühle. Bis eines Tages die Nachricht kam: ›Visa gibt es keine mehr und die Grenze zur ČSSR wird auch dicht gemacht.‹ Das war das Zeichen. Jetzt mussten wir.

›Tschüss, Tschüss, Tschüss!‹ Dreimal bin ich um die Ecke und habe meiner Mutter Tschüss gesagt. Sie wird gedacht haben: ›Was hat er denn?‹ Dem Lebenspartner meiner Mutter habe ich von unseren Plänen erzählt, ihr nicht. Ich bin mir sicher, sie hätte mich herumbekommen, es nicht zu tun. Abgemacht war, dass ich ihm eine Karte schreibe und wir die Mutter des anderen Freundes anrufen, wenn wir es geschafft haben.

Der Vater von Roman hat uns über die Grenze gefahren. Drei Jugendliche und ein Vater fahren Richtung Slowakei. In einem Dorf nahe der Grenze haben wir uns dann verabschiedet. Er von seinem Sohn und irgendwie stand er für uns stellvertretend für unsere Eltern da und gab uns viel Kraft mit. Also mir hat es Kraft gegeben. Angst hatte ich keine. Insgeheim hatte ich die Hoffnung, dass ich meine Eltern wiedersehen werde. Die Endgültigkeit lief nie mit auf der Flucht. Es wird schon alles gut werden, und es werden sich Möglichkeiten finden lassen, auch wenn es schwer wird. Das waren meine Gedanken.

Wir saßen in einem Maisfeld und warteten auf die Dunkelheit. Dann gingen wir los, einen Berg runter. Wir waren so laut dabei, mussten übereinander lachen. Ein Dickicht. Ein riesiger, stacheliger Brombeerstrauch. Alles tat uns weh. Im Mondschein sahen wir etwas Helles und dachten: ›Wasser! Oh bitte, lass es kein Wasser sein!‹ Als wir nah dran waren, merkten wir, es ist ein Asphaltweg. Wir liefen den Asphaltweg entlang, sagten uns aber: ›Oh nein, das dürfen wir doch nicht!‹ Also runter von der Straße, damit wir von den Grenzern nicht erwischt werden. Platsch, platsch. Plötzlich standen wir im Morast. Enten schossen aus dem Wasser hoch. Wir haben uns erschrocken und bekamen richtig große Angst. Ich kann nicht mehr sagen, wie lang es dauerte, bis wir da wieder raus waren. Ersatzklamotten an. Alles andere haben wir liegen gelassen und sind weiter. Frierend sind wir durch den Wald gerannt und haben die Orientierung verloren. Wir haben beschlossen, zu schlafen und haben uns eng aneinandergelegt, wie Zündhölzer in einer Schachtel. Wir hatten so große Angst. Drei Stadtjungs in der Natur. Es war wirklich nicht die Angst der Flucht, sondern wir waren verloren in der Natur.

Morgens haben wir uns dann darüber gestritten, wo die Sonne aufgeht. Scheiß drauf. Da wo die Sonne aufgeht, da gehen wir hin. Also sind wir Richtung Sonne losgelaufen. Plötzlich stolperte einer über so eine Art Grenzstein. Aber der war verwittert, es war kein Zeichen, keine Sprache darauf zu erkennen. Wir kamen aus dem Wald heraus und auf eine Wiese. Am Ende der Wiese entdeckten wir ein Dorf. Ist das noch Slowakei oder schon Ungarn? Vor dem Dorf war eine Kläranlage und am Zaun hing ein Schild. Wir dachten: ›Dort steht bestimmt etwas geschrieben. An der Sprache erkennen wir, wo wir sind.‹ Wir haben Schnick-Schnack-Schnuck gespielt. Der Verlierer musste sich anschleichen. Er sprang dann rum wie ein Verrückter. Da war uns klar: Wir sind in Ungarn. Wir liefen ins Dorf und dort gleich zum Pfarrer. Er hat Deutsch verstanden. Wir erzählten ihm, dass wir abhauen wollen. Er hat uns in die nächste Stadt gefahren. Dort sind wir in einen Zug gestiegen, der nach Budapest fuhr. In Budapest sind wir zur Botschaft der BRD, aber die war leer und wir haben uns auch nicht getraut, zu klingeln. Am Abend sind wir dann wieder in einen Zug gestiegen und nach Györ gefahren. Das lag etwa 60 Kilometer von der österreichischen Grenze entfernt. Wir sahen, dass auch andere Leute aus dem Zug stiegen. Inzwischen war es dunkel. Am Horizont sahen wir die Grenzanlagen. Wir liefen auf der Straße und haben geschwiegen. Plötzlich sprangen aus dem Dickicht zwei Grenzsoldaten heraus. ›Stopp!‹ Wir dachten, jetzt ist es passiert und wir werden verhaftet. Wir gaben den Grenzern unsere DDR-Personalausweise. Einer der beiden fragte: ›Österreich?‹ Wir nickten. Er gab uns schweigend die Ausweise zurück. ›Da!‹ Mit der Hand zeigte er Richtung Grenzanlage. Wir zogen weiter. Am Grenzstrich machten wir einen Sprung. Das war für uns so symbolisch: ›Hallo, wir sind da!‹

Wir waren paralysiert. Für Euphorie war kein Platz. Vielleicht haben wir es auch gar nicht begriffen, rational nicht und auch emotional nicht. Vom Österreichischen Roten Kreuz wurden wir in eine Scheune gefahren. Wir waren die ersten, die dort ankamen. Später am Abend kamen noch mehr Leute aus der DDR dazu. Am nächsten Morgen fuhr uns ein Bus nach Wien zur westdeutschen Botschaft. Dort wurden wir registriert und haben eine Fahrkarte nach Münster bekommen mit der Auflage, nachts den Zug zu nehmen. Am folgenden Tag sollten wir uns dort melden. Ein paar Schilling und ein ›Auf Wiedersehen‹.

Mit den Schillingen sind wir in ein Café gegangen und haben uns einen Kaffee bestellt, bekamen aber ein Glas Wasser dazu. Zur Kellnerin sagten wir: ›Sorry, wir haben nur einen Kaffee bestellt.‹ Sie lächelte uns an und erklärte, das Wasser gehöre dazu. Dann kam einer von uns vom Klo: ›Wahnsinn! Geht euch mal das Klo angucken. Wie das dort riecht!‹ Eigentlich wollten wir uns so unauffällig wie möglich verhalten, aber diese Augenblicke! Ich weiß noch, in der DDR sind wir auch immer in den Intershop. Augen zu: So riecht der Westen! Allein der Geruch hat schon eine Sehnsucht erzeugt.

Mit dem Nachtzug ging es weiter nach Münster, morgens haben wir die Skyline von Frankfurt gesehen. Wir waren sprachlos. Das waren wir dann einige Tage. Bis wir realisiert haben, was passiert und welche Möglichkeiten wir jetzt haben. Es war auch unglaublich organisiert. Wir wurden nach

Sindelfingen zugeteilt. Auf dem Arbeitsamt dort haben wir erzählt, dass wir in Bautzen Galerien gestaltet haben, denn dort wurden in der Dekorationsabteilung von Breuninger Plätze frei. Also haben wir etwas erfunden und bekamen einen Job als Dekorateure bei Breuninger und hatten 1600 D-Mark Verdienst. Wir wohnten bei einer vietnamesischen Familie im Hotel. Die bekamen Geld, damit sie uns unterbringen. Es waren Boatpeople.

Für mich war die DDR komplett vergessen. Ich habe mich damit nicht mehr beschäftigt. Jetzt hieß es: Ankommen. Zurechtfinden. Ich war froh, gesund geblieben zu sein, die Karte abschicken zu können, auf der steht: ›Mir geht's gut.‹ Dass sich das Land, die DDR, veränderte, das realisierte ich erst nach dem 9. November 1989.«

Brigitte Renner
»Das war schon die Umbruchstimmung. Das hat mir in die Karten gespielt. Aber Angst hatte ich trotzdem«

»Das Ende war schon eingeläutet, aber es war auch noch alles beim Alten. Nach dem 7. Oktober 1989 war das. Ich bin morgens in den Umkleideraum gekommen und habe gesagt: ›So. Jetzt haben wir uns nicht für das Wohnzimmer in Europa, sondern den Hinterhof in Rumänien entschieden.‹ Das hatte ich im Radiosender RIAS Berlin gehört. Heute klingt das lächerlich, aber damals kam noch mittags eine Kollegin zu mir und sagte: ›Ich wollte Ihnen nur sagen, eine Kollegin hat bei uns im Labor gesagt, dass sie das melden muss, dass Sie das gesagt haben.‹ Das war an einem Freitag. Am Wochenende ging es mir nicht gut. Denn ich wusste, am Montag werde ich zur Direktion zitiert und da wird auch jemand von der Staatssicherheit dabei sein. Aber dazu ist es nicht gekommen. Die Leute von der Staatssicherheit sind zwar gekommen, ich habe sie gesehen, aber keiner hat mich geholt. Das war schon die Umbruchstimmung. Das hat mir in die Karten gespielt. Aber Angst hatte ich trotzdem.

›Stasi raus!‹ und ›Wir bleiben hier!‹ Ja, die Montagsdemos, da sind wir hingegangen. Du hast uns eingeladen und gesagt, wir müssen da mit und hast unser Demo-Set gebastelt: Das war die Haushaltskerze, Pappteller, damit die Hände nicht voller Paraffin werden und dazu ein Feuerzeug. Es war schon kalt in Bautzen, als das losging, und wir hatten Handschuhe an. Daran erinnere ich mich.

Wir wollten zum Ausdruck bringen, dass wir mit vielem nicht einverstanden sind. Bei der Kundgebung vor dem Rathaus haben uns manche aus dem Herzen gesprochen. Die von der Staatssicherheit standen am Rand und haben alles beobachtet. Ich wusste das, weil ich den Mann meiner Cousine dort gesehen habe und der war bei der Staatssicherheit. Die haben beobachtet, wer alles auf der Straße ist.«

Foto: Rolf Dvoracek

Friedlich demonstrieren die Menschen im ganzen Land. Viele haben Kerzen in der Hand. Eine Demonstration in Bautzen am 20. November 1989.

Foto: Rolf Dvoracek

»Letzter Versuch« schreibt der Fotograf Rolf Dvoracek zu dieser Momentaufnahme. Eine Demonstration derjenigen, die loyal gegenüber dem DDR-Staat sind. Bautzen am 16. November 1989.

Frank Hiekel
»Mit dem politischen System DDR war ich persönlich fertig durch diese Zuführungen nach Bautzen«

»Wenn wir vom Sommer 1989 reden, dann reden wir von Mai bis September 1989. Da kamen für Unbeteiligte sinnentleerte Faxnachrichten aus dem Ministerium des Inneren: Dass größere Flächenbrände zu verzeichnen seien und dass aus diesem Grund damit gerechnet werden müsse, dass diese Flächenbrände auch Behörden berühren können und Vorsorge getroffen werden müsse, um diesen Naturereignissen entgegentreten zu können. Ich konnte mir eins und eins zusammenzählen und sah ja auch die Unruhe im Land. Da braute sich etwas zusammen.

Befreiend habe ich das überhaupt nicht empfunden, weil ich ahnte, was da auf uns zukommt. Aufgrund der Dienstverpflichtung, die man eingegangen war, schied es aus, dass man einfach wegläuft. Es wäre zu diesem Zeitpunkt auch strafbar gewesen. Mir war auch klar, dass sich dieser Zustand nicht lange vor den Gefangenen verbergen lässt. Das ließ sich auch nachweisen. Vorkommnisse nahmen zu, Schmierereien und Kassiber, die aufgefunden worden sind. Es war eine sehr beklemmende Zeit.

Es bewegte sich auf den 40. Jahrestag der Republik zu. In Berlin war dieser verhängnisvolle Beschluss gefasst worden, die Ausreise der Botschaftsbesetzer zu genehmigen und zu erzwingen, dass diese über das Territorium der DDR das Land verlassen mussten. Das hat zu den bürgerkriegsähnlichen Zuständen auf dem Hauptbahnhof in Dresden geführt, weil viele Menschen, die in die Freiheit strebten, auf diese Züge aufspringen wollten. Da gab es dann Massenverhaftungen.

Vorbereitet waren wir darauf gar nicht. Ich bekam einen Anruf aus Dresden – nichts Schriftliches –, dass es in Dresden zu größeren Verhaftungen gekommen sei und dass diese Leute als Untersuchungsgefangene untergebracht werden müssen. Meine Frage war dann noch, welche Inhaftierungsgrundlage denn vorläge. Es hieß, ich brauchte mir darüber keine Gedanken zu machen, denn es gäbe entweder einen Hafteinlieferungsschein oder einen Haftbefehl. Ich musste dann später feststellen: Da waren keine Einweisungsdokumente. Nichts! Das war also ein blankes Polizeigewahrsam. Wenn man das überhaupt als Recht sehen will, was da in der DDR existierte – selbst gegen diese Vorschriften war das ein Rechtsverstoß.

Die Anstalt war zu dem Zeitpunkt voll belegt, so dass die Zugeführten aus Dresden perfiderweise in der Gefängniskirche sitzen mussten. Es ist Gewalt angewendet worden. Die moralische Verantwortung, die trage ich. Die muss ich auch übernehmen. Dazu stehe ich. Die Gewalt begann in Dresden. Dort sind die Leute mehr oder weniger wahllos auf LKWs geschmissen worden. In den Zuführungspunkten in Dresden gab es die nächsten Schläge. Als die zu uns kamen, lagen auch hier die Nerven blank. Da haben Bedienstete Zugeführte geschlagen, während die von den LKWs stiegen und in die Kirche laufen mussten. Die mussten richtig Spießruten laufen. Die Bediensteten standen Spalier und haben die Gummiknüppel angewendet. Das ist mir zugetragen worden. Ich habe das dann untersagt. Wir hatten am Anfang noch nicht einmal genügend Essen für die Leute, weil das einfach nicht vorbereitet war.

Meine Erinnerungen an diese Zeit habe ich vor allen Dingen aus den Gedächtnisprotokollen und Betroffenenberichten. Wie sie das erlebt haben. Die waren durchweg fast noch nie zuvor im Gefängnis und das hat schlimme Schäden in der Seele bei den Leuten angerichtet. In den Menschen, die diese Zuführung erlebt haben, ist das heute noch genauso wach, wie diese Zeit in mir wach ist. Natürlich auf völlig anderer Ebene, weil sie das zu erleiden hatten und ich diese äußerst unangenehmen Dinge erledigen musste.

Die Gefangenen haben Solidarität mit den Zugeführten geübt. Der Protestwillen wurde durch diese Ereignisse mitten in die Anstalt getragen und die Gefangenen hatten Angst, dass sie von den rasant eintretenden gesellschaftlichen Entwicklungen vergessen werden. Man hatte Tag und Nacht gearbeitet in solchen Krisensituationen und zeitweise gar keine Zeit nachzudenken. Man musste einfach sehen, wie man die Ereignisse irgendwo im Griff behält. Die Situation dann so hinzukriegen, dass es zu keinen Ausbrüchen, Ausfällen kam, dass keine Gewalt gegenüber den Gefangenen angewandt worden ist, das war ein Gemeinschaftswerk von vielen Beteiligten.

Mit dem politischen System DDR war ich persönlich fertig durch diese Zuführungen nach Bautzen. Vor allen Dingen, wie ich da von meinen Vorgesetzten belogen worden bin, weil ja nichts zugetroffen hat, was die mir gesagt haben. Und ich hatte die Probleme, die aus alledem entstanden, irgendwie zu bewältigen. Als dann die Grenzen aufgingen, hat mich das innerlich nicht erreicht, weil ich ganz anderen Stress, ganz andere Probleme hatte.

Im Oktober und November 1989 hatten die Gefangenen durch Sprechchöre und Plakatierungen, die aus den Hafträumen gehängt wurden, gefordert: ›Das Volk sind auch wir, Demokratie und Gerechtigkeit‹. Die Stadtgesellschaft in Bautzen hatte zunächst Angst, weil die Gefangenen ja lauthals ihre Proteste gerufen und mit Alutöpfen auf die Gitter geschlagen hatten, was bis sonst wohin zu hören war.

Es gab auch Demonstrationen, die bis vor die Anstalt führten. Keiner von der Anstaltsleitung war bereit, zu den Demonstrierenden zu gehen. Ich habe es dann gemacht. Ich sage es einmal so: Die Demonstranten wollten mir die Uniform vom Leibe reißen. Das waren nicht wenige Leute. Die forderten Freiheit für die Gefangenen. Das war problematisch, denn von bestimmten Stellen kann man von außen in die Anstalt blicken und das war sicherheitsmäßig problematisch, wenn die Gefangenen dadurch in Bewegung gebracht werden. Aus diesem Grund war es wichtig, mit den Bürgern zu reden. Ich weiß nicht mehr, ob mein Chef da war, jedenfalls war keiner bereit, sich dem Gespräch zu stellen.

War ich halt derjenige. Es kam kein Gespräch zustande. Ich bin raus, habe mich vorgestellt und darum gebeten, dass der Demonstrationszug in eine andere Richtung geht. Da bin ich niedergebrüllt worden. Und einige griffen nach meiner

Uniform. Zwei Bedienstete waren auch dabei, die hatten zwar Abstand zu mir, aber griffen mich dann und haben mich in Sicherheit gebracht. Ich weiß nicht, wie das ausgegangen wäre. Beim nächsten Mal waren sie nur kurz da und sind dann auch wieder von alleine gegangen.

In dem Moment konnte ich die Forderungen der Demonstranten nicht verstehen. Mit Abstand konnte ich es nachvollziehen, denn die Leute mussten ja denken, dass in Bautzen I alles politische Gefangene waren. Das war aber nicht so. Dann ging es weiter mit dem Generalstreik am 30. November und am 1. Dezember 1989, bei dem 1.700 Gefangene die Arbeit niederlegten. Man muss wissen, dass die Gefangenen auch in der Küche arbeiteten. Da hing die gesamte Verpflegung dran. Das war ein äußerst kritischer Moment. Die Gefangenen haben ein Streikkomitee gebildet und ließen sich auch nicht mehr in die Hafträume einschließen. Im Inneren der Anstalt haben die Gefangenen die Macht übernommen. Die haben nicht mehr mit uns geredet. Wir hatten da gar nichts mehr zu sagen. Die übergeordneten Stellen – Dresden war die vorgesetzte Behörde –, die waren in den schwierigen Zeiten nicht auffindbar, die waren abgetaucht. Die haben uns im Stich gelassen.

Mit Pfarrer Wendelin aus Bautzen stand ich in Kontakt. Der kam dann, am 2. Dezember 1989, und hielt eine Ansprache. Als er fertig war, sagte er zu mir: ›Das kriegen wir hier nicht mehr in den Griff, wir brauchen Hilfe von außen.‹ Eine Forderung der Gefangenen war, dass Öffentlichkeit kommt und er fragte mich, ob ich damit einverstanden wäre, wenn er Öffentlichkeit organisiert. Am nächsten Tag kam der Herr Keller. Und dann, am 4. Dezember 1989, war das Neue Forum da. Am 6. Dezember 1989 war die Anstalt militärisch umstellt. Und zwar deshalb, weil die Gefangenen drohten, in Größenordnungen aus der Anstalt auszubrechen, wenn keine Amnestie erfolgt. Ich denke, dass die Gefangenen hofften, dass sie sofort in Freiheit kommen würden, was so natürlich nicht eintrat. In solchen Krisensituationen kann der Anstaltsleiter um Unterstützung bitten. Das hat mein Chef, der Leiter der

Haftanstalt, gemacht. Aus den Lagebesprechungen, die stattfanden, weiß ich, dass Spezialkräfte aus Berlin hinzugezogen worden sind.

Woher wir wussten, dass eine Gruppe sich radikalisierte und einen Ausbruch in die Tat umsetzen wollte? Zu der Zeit gab es noch eine Arbeitsgruppe der Kriminalpolizei in der Anstalt, die unter den Gefangenen ein Spitzelsystem unterhielt. K14 nannte die sich. Und da liefen noch Informationen. Daher hatten wir das erfahren. Es stand auf Messers Schneide. Und zwar mehrfach. Man stelle sich nur vor, einem Entscheider wären die Nerven durchgegangen, dann hätte es Schwerverletzte und vielleicht auch Tote gegeben. Es ist wirklich ein Wunder, dass es gelaufen ist, wie es gelaufen ist und nicht anders.«

Frank Hiekel äußert sich in der Nachrichtensendung »Aktuelle Kamera« vom 7. Dezember 1989 zur Situation.

Blick auf die Haftanstalt Bautzen I mit den Transparenten der Gefangenen, Standbild der Nachrichtensendung »Aktuelle Kamera« vom 7. Dezember 1989.

Ullrich Keller
»Auf der einen Seite haben wir versucht, Widerstand zu organisieren, auf der anderen Seite sind wir ganz normal zur Arbeit gegangen«

»Der Katharinenhof in Großhennersdorf war eine Insel im Roten Meer, so haben wir das bezeichnet. Eine diakonische Einrichtung, in der Menschen mit Behinderung lebten. Zum Arbeiten haben sich dort zu DDR-Zeiten Menschen eingefunden, die Stress hatten mit dem Staat. Einige dieser Leute kannte ich, weil ich ehrenamtlich in der Behindertenarbeit aktiv war und gelegentlich als Helfer im Katharinenhof Wochenend- und Feiertagsdienste schob. So habe ich die Zittauer kennengelernt, den Schönfelder, den Pilz und andere. Die waren für uns eine wichtige Informationsquelle, denn die hatten schon relativ früh Kontakt zu den Oppositionskreisen in Berlin. Darüber kam auch der Kontakt zustande zum ersten wichtigen Vorbereitungstreffen im Oktober 1989. Das war die erste DDR-weite Zusammenkunft von den Regionalgründern des Neuen Forums. 180 Leute waren avisiert, 120 waren wir dann. Die anderen sind von der Polizei am Wegfahren gehindert worden.

Es fühlte sich gut an und war wohltuend, diese ganzen Menschen zu sehen. Am späten Nachmittag war alles soweit bearbeitet, jetzt ging es nach Hause. Ich habe vorher daheim gesagt: ›Ich rufe bis 18 Uhr an, wenn nicht, schickt jemanden los.‹ Es war schon merkwürdig. Dieses Kirchengrundstück hatte einen Garten davor und es war klar, dass wir nicht alle zugleich rausgehen können. Also sind wir in kleinen Gruppen raus. Die ersten drei, dann mal zwei, vier. Und die sind raus und waren weg. Keiner kam zurück. Dann war da der Gedanke, was ist, wenn die einfach draußen einen LKW hinstellen, und sobald einer rauskommt sagen: ›Bitte hier entlang und hinfort mit dir.‹ Dann war ich dran und bin mit einem anderen raus. Der ist rechts rum, ich bin links rum. Und: Nichts! Ich hatte schon Herzklopfen, denn ich hatte damit gerechnet, verhaftet zu werden. Zwei Querstraßen weiter hatte ich meinen Moskwitsch geparkt. Ich komme um die Ecke und sehe dort vier LKW mit Bereitschaftspolizei. Die waren also da! Bis heute kann ich nicht verstehen, warum die nicht zugepackt haben. Die Genossen hatten all jene da, die in den Regionen genau das vorhatten, was sie nicht gut fanden, und die trotz großer Schwierigkeiten die DDR-weite Vernetzung der Opposition weiter vorantreiben wollten.

Wir waren in Bautzen nicht die einzigen, die versucht hatten, loszulegen. Es gab noch eine Initiativgruppe in der Seidau, die wir aber nie wirklich gefunden haben. Wir haben einfach geguckt, dass wir arbeitsfähig werden. Der entscheidende Punkt für uns war: Wie bekommt man eine Gesprächsplattform hin? Für mich war der Gedanke wichtig, ins Gespräch zu kommen. Sprechchöre bei Demonstrationen haben nur einen mitteilenden Charakter. Es ist dort kein Dialog möglich. Aber eine politische Diskussion – und darum ging es uns ja – ist eine Sache, die mit der Verkündigung, also dem eigentlichen kirchlichen Auftrag, nichts zu tun hat. Und trotzdem war die Zeit so, dass ich es in Ordnung fand, das aber von meiner Kirche, meiner Gemeinde zu verlangen. Im Kirchenvorstand von St. Petri war das kein Selbstläufer.

Bei der Veranstaltung in der Maria-und-Martha-Kirche am 16. Oktober 1989 ging es darum, der Stadtgesellschaft in Bautzen zu sagen: Wir sind das Neue Forum. Uns gibt es und wir heißen so und so, also wir sind die Personen, die das Neue Forum in Bautzen darstellen. Das sind unsere Adressen. Ganz klar zu sagen: Das sind die Anlaufpunkte, wer unterschreiben und mitarbeiten will, kann da und dort hinkommen. Klar war das mutig, denn die von der Stasi waren auch da. Ich habe sie gesehen. Im Polizeikreisamt um die Ecke stand auch alles bereit, die haben sich warmgelaufen. Aber es war wichtig, sich hinzustellen und zu sagen, wer wir sind. Aus den Westmedien hatte man vielleicht von Bärbel Bohley gehört, aber was nützt das in Bautzen, wenn eine Bärbel Bohley ihre Sachen in Berlin durchzieht? Man muss sich zu erkennen geben. Man bekommt es nur auf den Boden der Realität, wenn man Leute kennenlernen kann, wenn ich weiß, da kann ich klingeln, dort kann ich mitmachen. Und da waren wir drei Leute, die sich dort zu erkennen gegeben haben: Christa Groschwald, Claus Gruhl und ich.

Das Bürgerforum in der Krone Tage später war dann eine Veranstaltung der anderen Art. Auf der Bühne stand ein Tisch und dort saßen die Funktionäre der Stadt und des Kreises. Und dort war auch der damalige Gefängnischef. Er und der Chef der Kreisverwaltung waren die einzigen, die sprechfähig schienen, die anderen wirkten fassungslos. Die Menschen im Saal fragten aufgebracht, was mit den Dresdner Demonstranten geschehen war, die nach Bautzen ins Gelbe Elend verbracht worden waren. ›Polizeiliche Maßnahmen … müssen wir machen.‹ Etwas in der Art grummelte bagatellisierend der Sternberg, der Knastchef. Es war klar, man kommt nicht weiter. Es muss eine Arbeitsgruppe gebildet werden, das Thema müssen wir bearbeiten. Also bin ich spontan auf die Bühne geklettert und habe denen meine Visitenkarte gegeben. Im Sinne: Hier steht mein Name und meine Adresse, wenn ihr wirklich wollt, mache ich mit.

Auf der einen Seite haben wir versucht, Widerstand zu organisieren, auf der anderen Seite sind wir ganz normal zur Arbeit gegangen. Eines Tages, Anfang Dezember, klingelte das Telefon bei mir auf Arbeit. Es war der Herr Sternberg dran, der Knastchef vom Gelben Elend. Ich war völlig verdutzt, dass der mich anruft. Er fragte mich, ob ich etwas vom Streik der Gefangenen mitbekommen habe, das Streikkomitee wolle einen Vertreter des Neuen Forums sprechen. ›Gut‹, sagte ich ihm. ›Ich komme nach dem Feierabend vorbei, so gegen 18 Uhr.‹ – ›Nein!‹, sagte er, das sei zu spät. Er habe auch schon mit dem Generaldirektor des Kombinates, also meiner Arbeitsstelle, gesprochen und sein Dienst-Wolga stehe vor der Tür. Ob ich nicht gleich kommen könnte. Ich bin runter und tatsächlich stand dort der Wolga vom Ministerium des Inneren. In den habe ich mich reingesetzt. Das war merkwürdig. Ein merkwürdiges Gefühl.

In einem Affenzahn ging es nach Bautzen, in das Gefängnis Bautzen I. Mit meiner Aktentasche in der Hand, in der meine Brotbüchse war, fand ich mich im Büro des Herrn Sternberg wieder. Der war sichtbar froh, mich zu sehen. Der war richtig im Eimer, der hatte schlimmen Stress. Er, der Leiter einer solchen Einrichtung, erzählte mir – was für einen DDR-Bürger gänzlich ungewöhnlich war – komplett, was da gerade läuft. Er zeigte mir Akten und erklärte, dass er von den Behörden und aus dem Ministerium keine Antwort erhalte. In seinem Laden seien 2.100 Gefangene – in einer Anstalt, die zu Kaisers Zeiten für 1.100 Plätze konzipiert worden war. Er sagte mir, wie groß seine Sorge sei, dass die ganze Situation kippt und Ausbrüche stattfinden. Eine wirklich nicht ungefährliche Situation.

Er habe für mich auch schon alles vorbereitet. Zwischen den Hafthäusern war so ein Innenhof. Dort hatte er ein Mikrofon aufgestellt, von diesem aus sollte ich zu den Gefangenen sprechen und sie beruhigen. Da habe ich ihm gesagt, dass das gar keinen Sinn macht, wenn das Streikkomitee mit mir reden will. Denn das ist doch nicht miteinander reden, wenn ich sie über das Mikrofon ansprechen würde. Das funktioniert nicht. Ich muss mit denen direkt sprechen.

Mich reinzulassen, das könne er nicht verantworten. Und dann hat er die Karten auf den Tisch gehauen: Im Inneren hätten sie keine Kontrolle mehr und könnten mich deshalb auch nicht mehr schützen. Ich habe ihm dann versichert, dass ich auf eigenes Risiko reingehe, denn ich konnte mir nicht vorstellen, dass die mir was tun. Zwei Wachleute haben mich also durch die Schleuse gebracht. Das war ein komisches Gefühl. Ich war noch nie im Knast gewesen und das Durchgeschleust-Werden ist beeindruckend. Es waren mehrere Schleusen. Ab einem Punkt standen die Gefangenen da. Die hatten eine Armbinde, auf der stand ›Streikkomitee‹. Ab da konnten die Wachleute, die Schließer, nicht mehr weiter. Ich habe gemerkt, wie schlecht es dem einen Schließer ging. Die Nerven. Denn es war klar, wenn das irgendwie kippt, werden die auseinandergenommen.

Das erste, was mir aufgefallen ist: Ein wirklich infernalischer Gestank. Das roch dort nicht gut, das war nicht belüftet. Auf diesen Balkonen, es sind ja so Etagen, dort war alles voller Männer. Die haben einen Alarm gemacht! Die haben sich gefreut, dass jemand kommt. Lautes Schreien. Mit allem, was sie hatten, klopften sie an die Gitter. Es war ein ohrenbetäubender Lärm. Ich habe mich nicht bedroht gefühlt, aber es hatte etwas Bedrohliches. Die Leute mit der Armbinde hatten einen Schlüssel! Die haben mich durchgeschlossen und zum Streikkomitee gebracht.

Dort war dann Ruhe. Mir wurde Kaffee und Stollen angeboten, das war ganz gastfreundlich. Amnestie, Rechtsvertretung, Medien, medizinische Versorgung – das waren die Kernforderungen. Das war schnell ausgearbeitet. Ich habe gesagt, ich gebe diese Informationen weiter und werde sehen, was ich beibringen kann. Ich habe versprochen, am nächsten Tag wiederzukommen. Damit die Bewohner im Gesundbrunnen ihre Angst vor einem Ausbruch verlieren und wieder schlafen können, versprach im Gegenzug das Streikkomitee, dass die Sprechchöre ab 21:00 Uhr aufhören. Ich bin dann noch ans Mikrofon und habe den Stand der Absprachen erzählt. Herr Sternberg war sich nicht sicher, ob ich am nächsten Tag mit anderen Leute rein könnte. Ich sagte ihm, er müsse das selbst entscheiden, aus meiner Sicht spricht nichts dagegen.

Ich habe dann losgelegt. Es war das Gute, dass wir so viele Leute waren, die einfach mitgezogen haben. Mediziner zum Beispiel: Zack standen zehn, fünfzehn Leute am nächsten Tag mit ihren Arztkoffern bereit. Einen Radiojournalist und einen Schreiberling habe ich organisiert. Nur wollte kein Anwalt mit rein. Hatten alle Termine. Angeblich. Aber eine Anwältin hat sofort zugesagt: ›Ich komme mit!‹ Das war die Frau Queisser, eine kleine, zierliche, beherzte Dame. Was soll man sagen: Der Sternberg hat mitgezogen und uns alle reingelassen. Da wurden Zellen geräumt, in denen wir arbeiten konnten. Die Gefangenen waren ja zu viert in einer Einmann-Zelle untergebracht. In manchen wurden dann provisorische Untersuchungsräume eingerichtet, in denen Ärzte gemeinsam mit einer Schwester die Gefangenen in Ruhe untersuchen konnten. Ich weiß nicht mehr, wie viele Zellen leergeräumt wurden. Die Anwältin konnte in einer Zelle losarbeiten. Da war eine riesige Schlange davor. Dort sind die ersten Sachen in Bewegung gekommen.«

Foto: privat

Kommunalpolitik aus dem eigenen Büro, 1992.

Christian Schramm
»Wenn ein Staat seine Bürger so bedrängt, kann man einfach nicht erwarten, dass auf normalen Wegen Veränderung möglich ist«

»Letztlich kann man sich immer darüber streiten: Wie politisch kann und darf die Kirche überhaupt sein? Ist das ihre Aufgabe oder nicht? Ich sage da mehr Ja. Andere sagen mehr Nein. Die Wahrheit liegt wahrscheinlich in der Mitte. Mir hat niemand Steine in den Weg gelegt. Wir haben die Kirchen bekommen, wenn es um Veranstaltungen ging. Und es hat auch niemand gesagt: ›Hey, du kannst in der Jungen Gemeinde in unseren Räumen – es waren ja nicht meine Privaträume – dieses und jenes nicht machen.‹ Man musste sich mit den kritischen Fragen der Kollegen, wenn es denn welche gab, auch auseinandersetzen. Um sich selber zu prüfen. Man kommt ja auch schnell in so ein Gefälle rein, wo man denkt, wir sind die Gruppe der Helden und jetzt machen wir einmal. Es gehört dazu, dass man sich selber überprüft. Und dafür waren manche Gespräche vielleicht auch ganz gut.

Dass es leider auch im Kollegium, wie wir dann hinterher erfahren haben, jemanden gab, der für die Staatssicherheit zugehört und auch geliefert hat, ist auch ein Kapitel DDR. Davon war die Kirche auch nicht frei. Ich habe mich aber immer wohlgefühlt im Kollegenkreis. Und wie gesagt: Massive Schwierigkeiten habe ich nie gehabt. Ich kann aber auch nicht sagen, dass ich massive Unterstützung gehabt hätte.

Als dann in Berlin die Gründung des Neuen Forums vonstatten gegangen war, haben wir schon recht zügig überlegt, ob wir uns dem in geeigneter Weise anschließen. Da kam mein Arbeitszimmer ins Spiel. Es hätte auch andere große Wohnungen gegeben, aber die Kirche und auch die Häuser der Kirche waren ein geschützter Raum. Ich hatte eine Dienstwohnung und da bei mir sowieso eine Menge Arbeitsbesprechungen im Arbeitszimmer stattfanden, haben wir uns dort auch in Vorbereitung dieser Überlegungen oft getroffen.

Von 16 bis 60 Jahren sozusagen war das eine bunt gewürfelte Gruppe und das hatte sich dann verfestigt: ›Ja, wir sind dabei, bei allen Risiken.‹

Ich wusste, dass wir abgehört werden, ich wusste, dass Spitzel in der Gruppe saßen, aber das hat nie dazu geführt, dass ich gesagt hätte: Jetzt wirfst du die Flinte ins Korn. Ich habe da vielleicht so eine Bockigkeit: Jetzt erst recht! Ich lass mir das auch mit euren fiesen Abhörmethoden nicht nehmen: Ich will meine Meinung formulieren und das mit anderen gemeinsam tun! Das Vertrauen wächst in solchen Situationen. Denn ich hatte ja gar keine andere Wahl, als dem anderen einen Vertrauensvorschuss zu geben und zu denken, er wird's nicht sein. Manchmal gab es Vorkommnisse, wo man in einer Fünfergruppe gesessen hatte und eine Woche später wurde man darauf angesprochen. Oder wenn jemand verhaftet wurde, obwohl er nur wandern war, aber ihm dann Aussagen vorgelegt wurden als Beweis. So, dass klar war: Da ist ein Leck. Ob ein elektronisches oder menschliches, das war nicht klar. Manchmal kamen Leute regelmäßig in die Kirche und saßen zum Beispiel hinter den Säulen, hatten ein beredtes Desinteresse am Thema und waren doch aufmerksam. Es gab die Gerüchteküche. Bei manchen wusste man es, weil es nahelag. Tragisch war: Das konnte auch ein großer Irrtum sein. In so einem Spitzelumfeld, da trifft der Verdacht auch jemanden, der es gar nicht ist und umgekehrt. Ich hätte manchem gewünscht, dass er die Kraft als auch die Möglichkeit gehabt hätte, so etwas abzulehnen. Aber es ist eine Frucht der DDR und nicht ein Fehler, der aus dem Leben eines Einzelnen aus sich heraus gewachsen ist. Der Vorwurf geht ein ganzes Stück an das Land und nicht so sehr an die Person.

Im Neuen Forum und in meinem Freundeskreis außerhalb des Neuen Forums war eigentlich immer klar: Uns geht es darum, dieses Land zu verändern. Es geht nicht darum, dieses Land abzuschaffen oder so. Anfang Oktober 1989 war eine Tagung in Berlin für die Bezirkskatecheten, eine Weiterbildung. Ich hatte gute Freunde in Berlin, die dort in der Szene unterwegs waren. Und wir wollten die Tagung etwas missbrauchen und uns beteiligen an den Protesten im Bereich der Zionskirche und Gethsemanekirche. So kam es, dass ich mit einem Freund dort war an jenem Abend an der Gethsemanekirche. Ich habe gesehen, wie mit Gummiknüppeln zugeschlagen wurde, ich habe Wasserwerfer erlebt. Von beiden Seiten rückten die LKW mit vormontierten Schiebeschildern auf die Menschen zu. Ich habe Schiss gehabt. Uns ist es gelungen, abzuhauen. Wir sind rausgekommen, bevor es richtig zur Sache ging. Die protestierende Bürgerschaft, die bei weitem nicht nur aus dem Neuen Forum oder dem Demokratischen Aufbruch bestand, wurde zusammengeknüppelt. Das Erlebnis, dass ein Staat seine Bürger prügelt und mit Wasserwerfern traktiert und einfach zusammenschiebt, das hat bei mir einen Schalter umgelegt. In Berlin, am 7. Oktober 1989, ist mir ganz deutlich und ganz handgreiflich klargeworden: Unsere Überlegung hat keine Chance. Wenn ein Staat seine Bürger so bedrängt, kann man einfach nicht erwarten, dass auf normalen Wegen Veränderung möglich ist. Entweder gibt es rumänische Verhältnisse – wie wir damals sagten –, also Armut und Elend, oder es gibt chinesische Verhältnisse – blutige Niederschlagung jeglichen Protestes. Zwei Tage später bin ich zurück nach Bautzen gefahren. Ich weiß nicht mehr, was ich genau von diesen Erlebnissen und meinen Schlussfolgerungen daraus in unsere Gruppe hineingetragen habe. Aber es war für mich ein Schlüsselerlebnis.

In der Maria-und-Martha-Kirche ist am 16. Oktober 1989 in Bautzen den Vertretern des Staates meines Erachtens vieles ans Herz gelegt worden: Von der Wohnungsnot und der in Bautzen ganz speziellen Frage der Altstadt bis zur Reisefreiheit und Gedankenfreiheit. Das haben die Bürger zu großen Teilen auch selbst formuliert. Das Neue Forum hat es nicht vorgekaut. Das war nicht unsere Rolle. Unsere Rolle war es, uns vorzustellen, zu sagen: ›Wir wollen zugelassen werden, das sind unsere Forderungen. Und das sind Forderungen, die Allgemeingut sind.‹ Es hat dann in Bautzen keine Übergriffe gegeben. In den Seitenstraßen waren Polizei und Bereitschaftspolizei stationiert, auch mit Schützenpanzerwagen und Waffen. Aber es hat, so wie es mir bekannt ist, keine Übergriffe und keine Verhaftungen gegeben.

Es war diese Zeit, wo auf beiden Seiten Unsicherheit herrschte. Denn auf der anderen Seite hat es mittlerweile viele gegeben, die auch nicht zufrieden waren mit dem, was in ihrer Partei und ihrem Umfeld lief. Was mir dann später sehr nahegegangen ist, ist die Tatsache, dass sich der Kreissekretär der SED, Helmuth Mieth, einen Tag nach dem ersten Bürgerforum in der Krone mit seiner Dienstwaffe erschossen hat. Es war für uns außerhalb jeglicher Vorstellungskraft, dass so etwas passiert. Ich fühlte mich zusammen mit anderen nicht schuldig, aber es hat mir deutlich gemacht, wie tief auch bei den Menschen, die uns gegenüberstanden, die Frustration war. Wie groß auch die Angst war, vielleicht auch ein bisschen Schuldbewusstsein da war. Warum erschießt sich jemand in so einer Position?

Diese Friedliche Revolution – wenn dieser Begriff stimmig ist – dann hat er ja ein Element, nämlich das des Gewaltfreien und Friedvollen. Das gilt eben auch für Gegner. Oder vermeintliche Gegner. Das ist nicht nur eine militärische Vokabel, sondern das ist eine Vokabel, die den Umgang mit anderen beschreibt. Wir haben immer auf allen Diskussionen und am Runden Tisch versucht, auf Einsehen zu setzen und nicht auf gewalttätige Auseinandersetzung. Als dieser Suizid geschehen ist, ist mir klar geworden, wie kompliziert so ein Prozess ist, wenn so viel Angst auf der anderen Seite ist, oder wenn man auch so eine Art Schuld empfindet für die Verhältnisse, vielleicht auch eingezwängt ist in Parteistrukturen. Das hat mich lange beschäftigt. Wie kann so etwas gehen? Jeder Mensch, der in den Suizid geht, ist ein beklagenswerter Mensch. Egal, welche Haltung er zu manchen Dingen hat. Das ist einfach so.«

Jürgen Matschie
»Da hatten die Leute schon mehr Selbstvertrauen, so dass sie anklagend redeten«

»Als die Zettel unter der Hand herumgingen ›Gründung Neues Forum – Wir treffen uns am Postplatz um 17 Uhr‹, bin ich natürlich hingegangen. Den Fotoapparat habe ich dabeigehabt. Aber ich habe nichts fotografiert. Es war nichts, es standen immer nur drei Leute zusammen. Und dann Leute in Mänteln, wo man wusste: Das ist Staatssicherheit oder Polizei in Zivil. Warum war ich da? Ich wollte sehen, wer alles kommt. Aber man wusste, dass es unter Beobachtung steht. Ähnlich war es in der Maria-und-Martha-Kirche. Da sind wir auch hin, ich mit meiner Frau. Die Kinder waren schon im Bett. Wir waren spät dort. Beim ersten Mal kamen wir nicht mehr rein.

Als wir nachts zur zweiten Veranstaltung gegangen sind, war es dunkel und ich konnte draußen nicht fotografieren. Drin war ich froh, dass ich einen Platz in der Kirchenbank gefunden hatte. Ich wollte nicht aufstehen, da hätten alle aufstehen müssen. Heute ärgere ich mich, dass ich nicht auf den Auslöser gedrückt habe. Aber man kann nicht alles haben. Die Traute fehlte mir nicht, aber ich wollte die Leute auch nicht verunsichern. Wenn ich mich an den Altar hingestellt hätte, um zu fotografieren, hätten die nicht gewusst, wofür ich es mache und ob das Material dann nicht von der Stasi abgeholt wird.

Es war brechend voll. Jeder sollte seine Meinung sagen oder was für Wünsche er hat. Was mich beeindruckt hat und mir in Erinnerung geblieben ist: Da war ein junger Architekt, der bekannte: ›Ich bin in der SED.‹ Die Leute haben ganz schön gemurrt. Und dann sagte er, dass er sich auch von der Partei verraten und verkauft fühlte. Ich empfand das damals als sehr mutig. Ansonsten überlagern sich meine Erinnerungen mit dem, was Tage später in der Krone war. Da haben die Leute tumultartig ihre Wut rausgelassen gegenüber denen, die dort auf der Bühne saßen: Der Chef der SED-Kreisleitung und andere. Da hatten die Leute schon mehr Selbstvertrauen, so dass sie anklagend redeten. Sie wollten ihren Frust loswerden und den haben sie im Saal über die Mikrofone abgelassen. Wohlgefühlt habe ich mich nicht, weil es sehr persönlich war und ich schon wieder Mitleid mit denen empfunden hatte, die oben saßen.

Es ist wahrscheinlich den Menschen auch so gegeben, in der Menge stark zu sein und auf den Putz zu hauen. Nicht nachzufragen, was zu welchen Entscheidungen geführt hat. Obwohl ich jetzt die SED-Kreisleitung nicht in Schutz nehmen will. Aber die waren ja auch Spielball. Natürlich haben die nach unten getreten und nach oben gebuckelt.«

Eveline Günther
»Die Leute haben unheimlich viel geredet und haben sich ohne Scheu an das Mikro getraut«

»Ich bin ein Vollblut-Theatermensch. Wenn ich nicht zu Hause bin, lebe ich im Theater. Ich konnte außerhalb nicht überall dabei sein, denn ich hatte ja ein Kind zu versorgen, das gerade in die Schule gekommen war. Das Neue Forum war damals so am Rande durch Flüsterpropaganda bekannt, aber vor der Wende bin ich zu keiner Sitzung gegangen. Meine Kollegin Cosima war dort und sie erzählte dann, was da so gesprochen wurde.

Weil ich in Prag studiert hatte und Tschechisch konnte, sollte ich Anfang Oktober 1989 zu einem Theaterfestival nach Ostrava fahren. Aber plötzlich hieß es: Die Grenzen sind dicht. Ohne Visum kam man nicht mehr durch. Ich habe dann in Berlin angerufen und gefragt, was ich machen soll. Ich hatte noch einen gültigen Reisepass von meinem Studium. Mit dem sollte ich dann nach Berlin kommen. Die sagten: ›Wir machen dir einen Stempel rein und dann fliegst du.‹ Nachdem die Züge mit den Ausreisewilligen aus der Prager Botschaft durch Dresden gefahren waren und es rund um den Hauptbahnhof Demonstrationen und Verhaftungen gegeben hatte, fuhr gar nichts mehr. Wir sind mit unserem Trabi nach Dresden auf den Hauptbahnhof gekommen. Überall war Polizei, es war kein Durchkommen. Zerschlagene Scheiben, es sah wüst aus. Wann wieder Züge nach Berlin fahren würden, konnte keiner sagen. Da hörte man alle möglichen Dialekte, die nichts mit Sachsen zu tun hatten. Die müssen Polizisten aus der ganzen Republik dahin gekarrt haben. Mein Mann hat mich dann mit dem Trabi nach Berlin gefahren und ich bin in die Tschechoslowakei geflogen.

Am 8. Oktober 1989 hat dann mein Mann in der Nachmittagsvorstellung von ›Amadeus‹, wo er den Salieri spielte, die Resolution der Dresdener Theaterkollegen ›Wir treten aus unseren Rollen‹ gelesen. Meine Eltern waren mit meiner Tochter in der Vorstellung und erzählten, der Saal war wie eingefroren, die Leute wie elektrisiert. Danach kam dann gleich die Stasi zum Intendanten nach Hause, der von der Aktion nichts gewusst hatte. Am nächsten Tag war Leipzig. Die große Demo. Und ich in Ostrava. Jeden Tag kamen die Kollegen dort zu mir und brachten mir Zeitungen, auch mit Bildern. Ich war da über eine Woche und als ich zurückgeflogen bin, kam ich in ein anderes Land.

Ende Oktober gab es das erste Bürgerforum in Bautzen, ich meine das, was in der Krone stattfand. Sowas habe ich noch nicht erlebt. Die Krone war voller Menschen, es war rammelvoll. Dieses Bürgerforum hatten die alten Funktionäre organisiert: Die Parteileitung, der Rat des Kreises, der Bürgermeister von Bautzen. Die Krone hatte eine Bühne und die saßen dort oben in einer Reihe im Präsidium – und wir, das Volk, unten. Im Saal gab es ein einziges Mikro. Und dann ging das los. Die oben haben erst einmal versucht, alles so im Rahmen zu halten wie üblich. Aber dann polterte es los: Die ersten Fragen kamen zu den Zugeführten, weil ja aus Dresden unheimlich viele Leute nach Bautzen gebracht und auch misshandelt wurden. Es war der Chef vom Gefängnis Bautzen I da, der Herr Sternberg. Der wollte das ganz lässig abbügeln: ›Na ja, also wir haben denen höchstens mal einen Klaps gegeben.‹ Der wurde niedergeschrien. Es gab ja auch Zeugen. Dann kamen da so Sachen zur Sprache, dass die Frau vom ersten Parteisekretär immer bevorzugt beim Friseur drankommt. Es purzelte alles durcheinander. Die Leute haben unheimlich viel geredet und haben sich ohne Scheu an das Mikro getraut. Wir haben ganz vorne gesessen und der Liljeberg, unser Intendant, hatte sein Tonbandgerät dabei. Wir haben alles heimlich aufgenommen. Es gibt also einen, wenn auch schlechten, Mitschnitt im Stadtarchiv. Es wurde dann dort gesagt, dass das weitergehen müsse mit den Bürgerforen und es sollte schon zwei Tage später die nächste Veranstaltung geben.

Das Resultat dieses ersten Bürgerforums war, dass sich der 1. Sekretär der Kreisleitung der SED erschossen hat. Mit seiner Dienstwaffe. Der hat das nicht verkraftet, dass jetzt plötzlich alles anders ist. Dass die Leute offen sprechen und auch ihn kritisch hinterfragen. Das zweite Bürgerforum moderierte dann unser Intendant gemeinsam mit einem Vertreter des Neuen Forums Bautzen, dem Ulli Keller. Das fand auch in der Krone statt, die anderen Foren dann später im Theater. Man hat versucht, die wichtigsten Themen für Bautzen anzusprechen: Die Altstadt zum Beispiel. Später gab es Fachforen, die gingen ziemlich lange.

Ich habe versucht, eine literarische Reihe zu machen mit Texten zur Lage, also mit Texten, die vorher verboten waren. Das Deutsche Theater in Berlin hatte so etwas angefangen. Nachdem dort Walter Janka auftrat – unvergessen die Lesung mit Ulrich Mühe –, kam Janka nach Bautzen. Er war hier zweimal inhaftiert gewesen: im Zuchthaus zur Nazizeit und dann im Stasiknast Bautzen II. Michael Lorenz, mein Mann, hat Jankas Buch in Bautzen gelesen. Da waren noch einmal so um die 1.000 Leute in der Krone. Das war im November 1989. Die Mauer war schon auf und es war zu merken, dass jetzt ein bisschen ein anderer Wind weht. Janka hatte unter dem damaligen Regime in der DDR gelitten, war hier inhaftiert, aber er war trotzdem Kommunist. Und das hat er auch kundgetan. Die Leute wollten das schon gar nicht mehr hören. Die Stimmung kippte fast ein wenig. Es war nicht ganz unangenehm, aber man merkte, hier geht's jetzt woanders lang.«

Lutz Hillmann
»Ich könnte es heute malen, wie es damals aussah«

»Ich hatte Probe. Logisch. An dem 9. November 1989 abends. Ich habe dann noch ein Bier getrunken in der Kantine und bin dann so ungefähr um elf nach Hause gegangen. Meine Frau saß dort ziemlich perplex auf dem Sofa und sagte: ›Du, ich glaube, die Grenze ist auf.‹ Ich habe dann gesagt: ›Wie viel Wein gab es denn heute Abend?‹ Ich dachte, jetzt hat sie etwas vollkommen durcheinandergebracht. Wir haben dann noch die Spätausgabe der Aktuellen Kamera gesehen. Da habe ich es selbst gesehen.

Der Fernseher war aus, aber wir haben noch eine ganze Weile dagesessen. Was bedeutet das denn jetzt? Es gab eine Äußerung, dass man sich einen Eintrag in den Personalausweis machen lassen muss, um rüberfahren zu können. Ich bin am nächsten Morgen sehr zeitig aufgestanden, so dass ich um sechs Uhr morgens bei der Polizeimeldestelle war. Mit meinem Personalausweis und mit dem meiner Frau. Als ich um sechs Uhr morgens dort hinkam, war ich nicht der Einzige. Dort waren ungefähr 100 Leute, die auch dort standen. Und dann kamen die Genossen und machten auf und waren völlig perplex. Die wussten gar nicht, was auf sie zukommt. In ihrer Not gingen die die Schlange lang und gaben Anträge für DDR-Pässe aus, die sollten wir ausfüllen. Die wollten die Leute beschäftigen. Dann sagten die noch, dass man Passbilder braucht. Meine Frau kam noch mit dem Fahrrad. Wir haben alles abgegeben und ich ging zur Probe.

In der Garderobe im Theater diskutierten die Kollegen heiß: Einige hatten es nicht mitgekriegt. Da waren unglaubliche Diskussionen. Mich fragten sie: ›Was ist mit dir?‹ – ›Morgen fahre ich.‹ Und so verbrachten wir den Tag noch im Theater. Disziplin gab es schon. Ich weiß noch, dass der Regisseur den nächsten Tag probenfrei gab, weil er wusste, dass es gar keinen Sinn machte, hier etwas anzusetzen.

Am nächsten Morgen sind wir nach Berlin gefahren. Wir wollten Freunde in West-Berlin besuchen, die dorthin ausgereist waren. Das werde ich nie vergessen: Der Grenzübergang, wo wir rüber sind, war im Süden. Unser Auto hatten wir in Schönefeld abgestellt. Man lief so durch beide Mauern über den Todesstreifen. Wie heute manchmal die Flüchtlinge abgebildet sind: im Gänsemarsch – so gingen wir damals nach West-Berlin. In dieser Formation. Es war eine ganz eigenartige Stimmung. Dann habe ich angehalten und habe zu meiner sechsjährigen Tochter gesagt: ›Jetzt drehst du dich mal dahin, jetzt mal dahin. Und das merkst du dir alles. Weil das bekommst du nicht noch einmal geboten in deinem Leben. Das ist so einschneidend.‹ Und sie hat es sich gemerkt. Ich mir auch. Ich könnte es heute malen, wie es damals aussah.

Das geht wieder zu. Die Gefahr sahen alle. Wir hatten eine Kollegin hier, die Leiterin der Deko-Abteilung, die Chefin meiner Frau. Die ist am Abend des 9. November 1989 mit einem Koffer gefahren und abgehauen, weil sie nicht glaubte, dass es so bleibt. Weil es für sie unvorstellbar war, dass das der Dauerzustand wird.«

Christa Kämpfe
»Uns war es wichtig, keine Gewalt und keine Polemik anzuwenden, sondern zu versuchen, sachlich Dinge auf den Weg zu bringen«

»Ich war befreundet mit einigen, die sich engagierten. Und man hörte von der Gründung des Neuen Forums. Mein damaliger Chef fragte mich, ob ich vielleicht in Dresden mitmachen möchte beim Neuen Forum. Er war dort einer der Gründerväter. Ich war aber davon überzeugt, dass ich nicht in Dresden mitmachen, sondern mich der inzwischen in Bautzen entstandenen kleinen Gruppe anschließen wollte. Menschen wie Ulli Keller oder Christian Schramm waren schon ein Stück weiter. Ich habe mich dann angeschlossen. Es war schon so eine Entschlossenheit: Wir müssen jetzt hier etwas machen, wir können nicht die Hände in den Schoß legen.

Damals war nichts entschieden, es war alles voller Unwägbarkeiten. Es gab genügend Themen, aber mir war die Rettung der Altstadt das am Herzen Naheliegende. Selbst bei den Demos spielte das Thema Altstadt eine Rolle. Es war auch ein wesentliches Thema im Programm des Neuen Forums. ›Bauen, Schützen, Pflegen‹ nannte sich unsere Gruppe. Der Erhalt unserer Stadt! Die Wiederherstellung unserer Stadt. Das konnte sich keiner vorstellen. Das war sicher Mut und auch Übermut, dass das alles wirklich geht.

Bei den Veranstaltungen habe ich über viele gestaunt. Wie sie plötzlich aus sich herauskamen, sie konnten Reden halten und entschlossen ihre Gedanken rüberbringen. Man war plötzlich stolz auf viele Leute. Damals dachte ich: ›Es wohnen tolle Leute in Bautzen.‹ Und wenn man nur auf unsere Gruppe im Neuen Forum blickt: Wir waren schlagartig 80 Leute. Uns war es wichtig, keine Gewalt und keine Polemik anzuwenden, sondern zu versuchen, sachlich Dinge auf den Weg zu bringen. Und am Ende ist es auch von staatlicher Seite, also von der Stadtverwaltung, irgendwie akzeptiert worden, so dass wir zu allen Veranstaltungen, die mit der Altstadt zu tun hatten, auch eingeladen wurden. Man bemühte sich plötzlich um Schadensbegrenzung. Es gab dann so eine Art Runden Tisch zur Altstadt, da waren wir mit eingeladen. Es war so meine Art, ich wollte immer mit den Fakten arbeiten und das hat sich dort bewährt.

Als man uns von Seiten der Stadtverwaltung als ernstzunehmende, kritische Fachgruppe akzeptierte, gab es auch die Genehmigung der Stadtverwaltung – dem Bauamt –, dass die Häuser, die zur Sprengung vorbereitet und vorgesehen waren, noch einmal durch uns begangen werden können. Wir haben Gegengutachten erstellt. In unserer Gruppe hatten wir Architekten, Bauingenieure und andere Baufachleute dabei. Wir haben uns aufgeteilt und sind immer in Gruppen von zwei bis drei Leuten durch alle Häuser gegangen, die zur Sprengung vorgesehen waren. Burglehn 2, zum Beispiel: Da waren schon die Sprenglöcher gebohrt. Außen herum lagen die Faschinen, das sind Rutenbündel, die davorgestellt wurden, damit die Druckwellen der Sprengung sich nicht zu weit ausbreiten. Das war schon alles vorbereitet, um Tatsachen zu schaffen. Aber gerade bei dem Haus konnten wir beweisen, dass es nahezu standhaft ist. Natürlich war es verschlissen, aber es war zu retten. Man wollte auch mit uns handeln: ›Also gut, das eine Haus lassen wir stehen, aber bei den anderen können wir nicht diskutieren.‹ Es war ein zähes Ringen. Ein mühsames Geschäft. Bis wir wirklich durch waren und es akzeptiert war: Die Häuser bleiben stehen.

Es sind auch Freundschaften in dieser Zeit entstanden, die bis heute gehalten haben. Manches hat sich aber auch verändert. So hatte man uns in unserer Gruppe einen untergejubelt, der von der Stasi war. Wir haben damals Spenden gesammelt für die Notsicherung eines Hauses und da hatte er falsche Kontodaten lanciert und die in die Presse gestellt. Das kam dann heraus. Das war immer noch eine heiße Chose in einer heißen Zeit. Die Entwicklungen waren derart dramatisch, die Zeit verlief unheimlich schnell. Und dann ging es darum, den nächsten Schritt zu tun: Die Erhaltung zu schaffen.«

Foto: Rolf Dvoracek

Der Zerfall und drohende Verlust der Altstadt von Bautzen war ein zentrales Thema der Menschen bei den Montagsdemonstrationen im Herbst 1989 und Anfang 1990 in Bautzen.

Kapitel 3: Umbrüche

»Die Zeit des Aufbruchs war 1989. Weil man da aufgebrochen ist in eine andere Gesellschaft, als es die DDR gewesen ist. 1990 war dann eine Zeit der neuen Herausforderungen, mit denen man klarkommen und daraus die besten Entscheidungen treffen musste.«
Claus Gruhl

Foto: Rolf Dvoracek

Montage der letzten Fahrzeuge im VEB ROBUR.

Foto: Rolf Dvoracek

Schließung des Werkes VEB ROBUR am 27. Dezember 1991.

Herbert Renner
»Ein Erlebnis nach dem anderen hat uns damals überwältigt«

»Der Übergang war eine schlimme Zeit. Die Mauer war gefallen und es kam die große Frage: Wie weiter? Wir waren eine Genossenschaft, eine PGH – eine ›Produktionsgenossenschaft des Handwerks‹. Und ich war der Vorsitzende. Nun mussten wir die Umwandlung schaffen, also eine neue Form für den Betrieb finden, denn was in der DDR gültig war, galt nun nicht mehr. Nicht nur uns ging es so, sondern allen Betrieben, allen PGHs: Ob das Elektriker waren oder Maurer. Alle. Aber keiner wusste, wie das gehen soll. In welche Form? Niemand hatte Ahnung. Wir sind von einer Versammlung zur nächsten und sind am Ende genau so schlau wie vorher herausgekommen. Die Handwerkskammer hat auch Versammlungen organisiert. Wir sind nach Dresden gefahren, manches haben wir dort aber auch gar nicht verstanden. Es war eine schlimme Zeit. Wie geht's nun weiter?

Das ist zu langatmig, um es im Detail zu erzählen. Aber es gab so viele Möglichkeiten. Wenn ich mich privatisiert hätte, hätte ich den Betrieb kaufen müssen. Aber das Geld hatten wir überhaupt nicht. Jede Genossenschaft hatte Geldreserven, Maschinen, Gebäude und die mussten aufgeteilt werden. Man musste die Kollegen ausbezahlen, je nachdem, wie lange sie mitgearbeitet haben, und wieviel Lohn sie verdienten. Und wenn nichts da war, was dann? Man musste ein Schema finden. Klugscheißen taten damals viele. Ich hatte Verantwortung. Wir waren elf Leute im Betrieb. Die wollten beschäftigt werden. Am Ende haben wir uns für eine GmbH entschieden. Na ja, als das dann geregelt war, kehrte Ruhe ein, aber das war eine schlimme Zeit. Ich war die letzte PGH in Bautzen, die sich umgewandelt hat. Viele haben sich damals übernommen. Die haben Kredite aufgenommen, sind Pleite gegangen. Wenn ich so überlege: Die ganzen Baubetriebe in Bautzen – wir waren in der DDR-Zeit dem Kreisbauamt unterstellt –, von all diesen Betrieben gibt es heute keinen einzigen mehr.

Damals gaben sich auch Händler und Vertreter die Klinke in die Hand. Die kamen alle in den Steinmetzbetrieb: Angefangen vom Großhandel für Grabmale – die von drüben wollten neue Partner gewinnen und wir sollten alles neu kaufen. Andere Händler kamen auch. Jeder wollte Umsatz machen und verkaufen. Habe ich vorn im Laden einen rausgeschmissen, kam der hinten wieder über die Werkstatt rein. Essbesteck, Kochgeschirr, alles wollten die uns verkaufen. Und sagten immer, das seien Messestücke und deshalb müssten sie verkauft werden und zwar preiswert. Jeden Tag. Ich habe immer nein gesagt, nie etwas gekauft. Ich habe mich nie reinlegen lassen. Bis auf das eine Mal. Was mich da geritten hat, kann ich nicht sagen. Ein Türke kam ins Geschäft und rollte einen Teppich aus. Und scheinbar habe ich Interesse gezeigt und dann war es eben passiert. Der Verkäufer rückte mir nicht mehr von der Pelle. Irgendwie hat er mir ja auch gefallen, der Teppich. ›Ein Perser‹, sagte der Verkäufer. ›Ein echt persischer Teppich.‹ Und dann habe ich eben zugeschlagen. Irgendwo hat eben jeder eine Schwachstelle. Und das war meine. Ich bin mit dem Teppich nach Hause gefahren. Dort kam dann das Malheur: Der passte gar nicht in die Stube! Wir haben die ganze Stube umgebaut, alle Möbel verrückt, damit der Teppich reinpasste. Aber es sah furchtbar aus. Also: Teppich wieder raus.

Der Teppich kam ins Gartengrundstück, ins neue Haus, in dem wir heute wohnen. Er hat dort einen guten Platz gefunden. Dort liegt er heute noch, mein Perser-Teppich.

Ich muss ehrlich sagen, ich war damals sehr beschäftigt mit der neuen Situation im Betrieb. Aufträge von früher, wie zum Beispiel für Bildhauer- oder Restaurierungsarbeiten, sind weggefallen. Ich habe mich dann auf Grabmale und Steinmetzarbeiten am Bau konzentriert. Es kam aber eine ganz böse Zeit, wo uns alle beschissen haben, keiner mehr Rechnungen bezahlt hat. Wir haben Mahnungen geschrieben und plötzlich waren die pleite. Das war ganz aggressiv. Zum Beispiel hatten wir bei einem Bauauftrag über 55.000 Mark eingebüßt. In Weißenberg hatten wir das Rathaus mit saniert und hatten dort alle Steinmetzarbeiten gemacht. Der Unternehmer mit dem Hauptauftrag hat einfach nicht bezahlt. Jahre später hat ein Rechtsanwalt dann 20.000 Mark zurückgeholt. Aber es konnte auch sein, du bist dann erledigt. Viele von den Betrieben sind pleitegegangen.

In dieser Zeit ist kaum ein Betrieb gewachsen, es haben sich alle verkleinert. Ich habe auch gesagt: ›Wir werden weniger Leute und machen nur noch Grabmale.‹ Dann fing die schlechte Zahlungsmoral bei den Grabmalen an. Das zog sich bis in den Privatsektor: Das muss man sich vorstellen, das war wirklich katastrophal. Da gab es bekannte Doktoren in Bautzen, ich will keine Namen nennen, die haben bis heute nicht das Grabmal für ihre Mutter bezahlt.

An meinen ersten Großauftrag kann ich mich auch noch gut erinnern. Da sollten wir die Brücke in Obergurig mit Naturstein verkleiden. Auf die Ausschreibung haben sich viele Betriebe beworben. Wir wurden ausgewählt und ich wurde nach Dresden eingeladen. Ja, aber ich hatte ja keine Ahnung, mit so einem Konzern – denn es war ein halber Konzern, diese Firma. Den Namen habe ich vergessen. Ich wurde von einer Frau in einen Raum geführt, in dem alle mit ihren Akten im Kreis an einem großen Tisch saßen. Dann haben sie mir erklärt, dass sie sich unseren Betrieb ausgesucht haben und dass jetzt verhandelt wird über den Preis. Wie ein Schachern, kann man sagen. Der eine sagte zwar, dass er einverstanden sei, aber hier und da müsste man schon noch reden und ob ich nicht doch ein paar Tausender runtergehen kann. Oh Gott! Ich habe dagestanden und habe geschwitzt. Ich konnte das in dem Moment doch nicht überfliegen. Da nahm mich die Frau, die mich hereingeführt hatte, an die Seite und wir gingen gemeinsam aus dem Raum. Dort sagte sie mir: ›Herr Renner, Sie müssen zehn Prozent runtergehen mit dem Preis, wenn Sie den Auftrag haben wollen.‹ Sie hat mich aufgeklärt, dass das heutzutage so üblich sei in der Wirtschaft. Ich bin dann rein und habe gesagt, dass ich zehn Prozent runtergehe. Aber ich war schweißgebadet und nassgeschwitzt und habe mir gesagt, solche Großaufträge mache ich nicht mehr mit. Wir hatten dann ein gutes Verhältnis zum Bauleiter und es lief auch alles gut. Wir haben sogar Gewinn gemacht. Die wollten uns für einen noch größeren Auftrag haben: die Sanierung der Elbbrücke. Aber das habe ich abgelehnt. Das wäre nicht gegangen, denn ich hätte mehr Leute einstellen und Maschinen dazukaufen müssen. Das Risiko war mir zu groß. Ich hatte auch nie den Anspruch, groß zu werden.

Im Nachhinein betrachtet waren das alles richtige Entscheidungen. Ich fühle mich da als Gewinner, weil jede Entscheidung die richtige war. Ich hatte ein goldenes Händchen. Das ist aber auch Glückssache. Es gibt aber immer ein paar Sachen, die nicht aufgehen. Das gehört dazu. Ich bin stolz auf das, was ich geschaffen habe. Und das Meiste habe ich mit den eigenen Händen geschaffen.

Man hat schon vieles vergessen, was man so erlebt hat. Ein Erlebnis nach dem anderen hat uns damals überwältigt. Die Geselligkeit, das hat sich nach der Wende total verändert. Das war das Negative, was entstanden ist. Das ist damit zu erklären, dass sich jeder umbilden musste. Der eine hatte ein Geschäft, andere etwas Anderes. Keiner hatte mehr Zeit. Manche hatten auch Angst. Dann ging es auch los mit dem Neid. Es gab Gemeinschaften, die sind auseinandergefallen: in die Gruppe, die Arbeit hatte, und die Gruppe, die keine Arbeit hatte. Man hat sich kaum noch gegrüßt. Das hat sich im Laufe der vielen Jahre gegeben, aber der Übergang war eine schlimme Zeit. Auch wir waren eine tolle Truppe, haben zu DDR-Zeiten immer zusammen gefeiert: Silvester, Fasching, Geburtstage. Da wurde auf den Tischen getanzt. Das war immer schön. Nach der Wende war Ende der Vorstellung. Seither sind wir so nie mehr zusammengekommen.«

Foto: Bettina Renner

Meine Eltern Brigitte und Herbert Renner auf ihrem »Perser« in unserem Filmset auf der Probebühne des Deutsch-Sorbischen Volkstheaters Bautzen, 2019.

Brigitte Renner
»Das war eine große Überwindung, denn wir waren es nicht gewohnt, Klinken putzen zu gehen«

»Direkt neben dem Hygiene-Institut befand sich der Kraftverkehr Bautzen. Die boten auf einmal so billige Reisen mit dem Bus an. Wir dachten, so billig kommen wir mit dem Zug nicht nach Bayreuth oder Nürnberg. Wir hatten ja keine Ahnung! Der Bus fuhr nicht nach Bayreuth, sondern steuerte einen Gasthof außerhalb der Stadt an. Dort gab es ein Frühstück. Eigentlich hieß es, es sei im Preis inbegriffen. Aber das stimmte nicht. Wir sollten dann ganz viel Geld dafür bezahlen. Da haben wir nur zwei genommen und uns geteilt. Dann wurde der Saal abgeschlossen und es wurden Betten verkauft. Was geht denn hier ab? Die Leute haben Betten gekauft. Wie verrückt. Der Bus war nachher vollgestopft. Wir hatten damals noch nicht einmal Westgeld, die haben alles auf Pump gekauft. Nur der Kraftfahrer und wir hatten nichts gekauft. Der Kraftfahrer sagte dann: ›Ich fahre jetzt noch auf eigene Faust in die Stadt rein, damit ihr überhaupt was seht von Bayreuth.‹ Das stand nämlich gar nicht mehr auf dem Plan, denn das Geschäft war abgewickelt. Er fuhr in die Stadt und wir konnten dort kurz rumlaufen. Das war eine Verkaufsfahrt, aber wir hatten ja keine Ahnung. Kannten das nicht.

Man musste sich neu orientieren. Man hatte die Familie und jeder seine Arbeit. Ich habe damals im Hygiene-Institut Bautzen gearbeitet und gemerkt, dass unsere Mikrobiologin, die Ärztin, die nächste Gelegenheit beim Schopfe packen wird, um sich selbstständig zu machen. Das ging ganz schnell. Eine staatliche Einrichtung konnte aber nicht ohne einen Mikrobiologen arbeiten, das war mir klar. Unsere übergeordnete Stelle war das Bezirkshygiene-Institut in Dresden. Das würde uns übernehmen, und das Institut in Bautzen würde zugemacht. Auch das war mir schnell klar.

Ich habe mit euch, meiner Familie, gesprochen, was passieren soll. Denn ich hätte dann jeden Tag nach Dresden fahren müssen. Aber ich wusste auch, dass im Krankenhaus in Bautzen herumexperimentiert wurde in Sachen Mikrobiologie. Ihr habt mir zugeredet und so bin ich eines Tages einfach hingegangen und hab gefragt, ob die mich brauchen können. Das war eine große Überwindung, denn wir waren es nicht gewohnt, Klinken putzen zu gehen. Aber es war mein Glück, und da bin ich auch stolz, dass ich mich traute. Denn ich konnte dann dort tatsächlich ein neues Labor aufbauen. Ich hätte zwar fast das Doppelte verdient, wenn ich im Hygiene-Institut geblieben und dann jeden Tag nach Dresden gefahren wäre, aber mir blieb die Fahrerei erspart und ich konnte etwas Neues aufbauen. Es war eine Herausforderung, die mir auch viel Selbstbewusstsein gegeben hat. Ich stehe heute noch mit einigen Kolleginnen in Kontakt, die ich damals dort, im Krankenhaus, angelernt habe.

Einige Kolleginnen aus dem Institut aber waren damals sauer auf mich, weil ich ihnen von meinen Plänen nichts erzählt hatte. Aber das war etwas, was mir mein Mann eingebläut hatte: ›Erzähl nicht wieder allen, was du vorhast. Geh erstmal hin.‹ Die anderen hätten dann schneller sein können. Das war auch so etwas nach dem Mauerfall, dass man erst einmal ichbezogen denken musste. Das Gemeinschaftsdenken ging dann nicht mehr.

Die erste freie Wahl im März 1990, das war die Entscheidung. Alle sind wählen gegangen. Wir haben auf die CDU gesetzt, das stand für uns von Anfang an fest. Mir hat zwar auch der Genscher gut gefallen, aber wir wollten die Deutsche Einheit, das war für uns klar. Wo die Mauer schon weg war, wollten wir keine Föderation, also zwei getrennte deutsche Staaten. Wir wollten die Einheit. Und dafür stand für uns nur der Helmut Kohl. Das Neue Forum? Na ja, die traten nicht mehr so in Erscheinung. Klar, die haben alles eingeleitet, aber die Einheit wollten die nicht, glaube ich. Die wollten irgendetwas anderes. Eine andere Regierungsform. Für uns gab es aber keine Zweifel und diese Wahl war uns ganz wichtig, um uns mitzuteilen.

Viel zum Nachdenken kam man damals erst einmal nicht. Wir haben uns oft auch anstecken lassen. Auf der stillgelegten

Autobahn Richtung Görlitz zum Beispiel wurden so große Zelte aufgebaut. Das war das Einkaufszentrum ›Marktkauf‹. Alles strömte dort hin. Wir haben mit dem Auto in der Schlange gestanden, um einen Parkplatz zu bekommen und haben angestanden für einen Einkaufswagen. Die Fülle, die auf uns einströmte! Wir haben uns anstecken lassen, anders kann man das nicht sagen. Wir mussten das sehen und mussten dort einkaufen. Es war für uns das Schlaraffenland. Plötzlich schmeckte uns das Brot vom Bäcker nicht mehr, sondern es musste das eingepackte Brot aus dem Westen sein. Keiner kaufte mehr Brot beim Bäcker ein. Aber das hat sich schnell wieder geändert.

In unser neues Labor im Krankenhaus kam dann schnell eine Firma aus München. Die haben Nährböden vertrieben und schickten eine Assistentin mit. Die hat mir dann vieles beigebracht. Zum Beispiel, dass man die Nährböden nicht mehr selbst herstellt, sondern dass man die industriell beziehen kann. Die haben wir dann auch bei der Firma bestellt. Sie hat uns auch gelehrt, dass wir am Telefon immer fragen müssen, wer dran ist und alles vom Gespräch aufschreiben. Das klingt jetzt vielleicht blöd, aber selbst das war ja neu für uns. Immer fragen: Mit wem habe ich gesprochen?

Das Einzige, was mich gestört hat war, zu sehen, wie manche Leute in der Stadt wieder gewisse Posten hatten und auch wieder auf Ämtern zu finden waren. Da kam ich manchmal nicht drüber weg. Aber irgendwann habe ich mir darüber auch keinen Kopf mehr gemacht, denn wir hatten ja mit uns zu tun, mussten mit dem ganzen Neuen klarkommen. So dass ich das dann auch irgendwann ignoriert habe.«

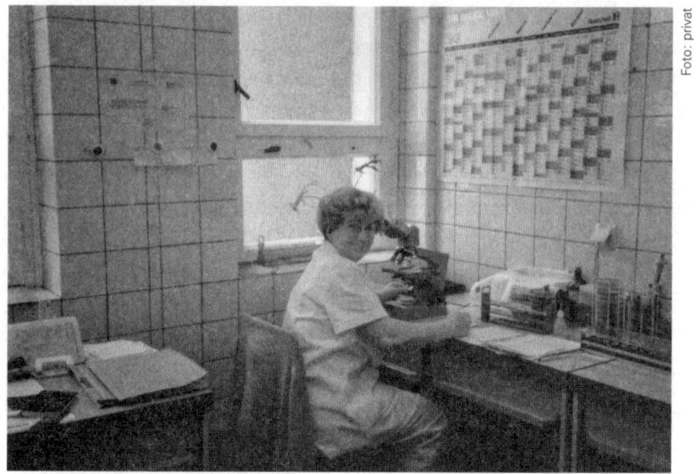

Foto: privat

Neuanfang – Aufbau der Mikrobiologie im Krankenhaus Bautzen.

Foto: Rolf Dvoracek

Parkende Autos bei der Eröffnung des Marktkaufs Bautzen auf der ehemaligen gesperrten Autobahn in Bautzen am 9. Oktober 1990.

Eveline Günther
»Wir Frauen müssen jetzt aufpassen. Das war unser Gedanke: Wir müssen uns solidarisieren«

»Die Übertragungen vom Runden Tisch aus Berlin haben wir wie Junkies verfolgt. In der Dramaturgie des Theaters waren wir vier Frauen. Wir haben uns gesagt: ›Wir laden jetzt Frauen aus Bautzen ein und machen das wie in Berlin.‹ Dort gab es den Unabhängigen Frauenverband. ›So was gründen wir hier auch, denn wir wollen, dass die Frauen etwas zu sagen haben.‹ Das erste Treffen fand auf der Probebühne im Theater statt. Es kamen ganz viele Frauen unterschiedlichster Couleur. Daraus entstand die Fraueninitiative Bautzen. Wir Frauen müssen jetzt aufpassen. Das war unser Gedanke: Wir müssen uns solidarisieren. Wir wussten ja ein bisschen, was drüben – im Westen – los war. Paragraph 218 war ein Thema. Schwangerschaftsabbrüche waren in der DDR legal, im Westen war das nicht so.

Zuerst brauchten wir mal einen Ort für uns. Wir suchten und fanden eine Immobilie. Lustigerweise war das eine vorher von der Stasi benutzte Wohnung. Die war sehr groß, sehr merkwürdig aufgeteilt und sehr heruntergekommen. Wir haben erstmal die Wände gestrichen und Möbel organisiert. Das Frauenzentrum wurde schnell zu einem Treff- und Anlaufpunkt für die Bautzener Frauen. Wir waren kein Häkelklub, sondern eine politische Basis, wo frau sich verständigen konnte über solche Fragen wie: Wo geht die Gesellschaft hin? Und wo wollen wir hin?

Wir wollten mit an den Runden Tisch. Wir haben uns als Fraueninitiative dem Neuen Forum angeschlossen. Als dann zum ersten Mal der Runde Tisch in Bautzen tagte, wurde dort beantragt, dass zwei Frauen, die Karin Hennig und ich, als Vertreterinnen der Fraueninitiative Bautzen gemeinsam mit dem Neuen Forum mit an den Arbeitsgesprächen des Runden Tisches teilnehmen dürfen. Etwas komisch reagiert haben die beiden Moderatoren. Das waren ein Vertreter der Evangelischen und ein Vertreter der Katholischen Kirche.

›Was wollen denn jetzt auch noch die zwei Frauen von dieser Initiative hier?‹ Aber letztlich wurden wir zwei an den Runden Tisch gelassen. Ab da haben wir mit daran gearbeitet, dass in Bautzen ein friedlicher und geregelter Übergang bis zu den ersten freien Wahlen garantiert war und zwar gemeinsam mit der damaligen Kreis- und Stadtleitung. Das war das Wichtigste, dass die alte Stadt- und Kreisverwaltung auf Linie gebracht wurde und nichts sabotieren konnte. Die Bautzener Stasi-Zentrale wurde in der Zeit besetzt und man musste sich um die beiden Gefängnisse in der Stadt kümmern. Wir zwei haben dann regelmäßig im Frauenzentrum aus der Runde berichtet.

Gemeinsam mit dem Neuen Forum erarbeiteten wir das Wahlprogramm für die Wahl zum Stadtrat 1990. Das war nicht ganz unkompliziert. Wir Dramaturginnen können von Berufs wegen schreiben, also Texte schreiben. Und so sollten wir natürlich das Programm formulieren. Ich weiß noch, ich hatte da eine tierische Diskussion mit einem Teilnehmer, weil das Wort »Gesellschaft« nicht vorkommen durfte in dem Text. Und ich fragte: ›Wieso denn nicht?‹ Es sei sozialistisch, war die Antwort. Merkwürdig, das Wort Gesellschaft sollte plötzlich nicht mehr gesagt werden? Der Mann gab nicht nach. Mein kleiner Ausflug in die Politik war allerdings schnell wieder zu Ende. Auf Listenplatz 5 der Unabhängigen Liste, da hatte man nicht viele Chancen. Ich habe aber auch gemerkt, dass das nicht so mein Metier war. Ich habe einen schönen Beruf. Mein Job war auch nicht gefährdet. Es war schon überraschend, aus welchen Löchern – ich sag's mal etwas drastisch – damals die Leute hervorkamen, weil sie Angst hatten um ihre Arbeit, weil sie gemerkt haben, es bricht einiges weg. Da wurden dann schon mal die Ellenbogen ausgefahren. Immerhin: Unsere Frontfrau Karin kam in den Stadtrat und auch der Spitzenmann des Neuen Forums, Claus Gruhl.

Und das Frauenzentrum hatte Bestand. Der neue Bürgermeister, Christian Schramm, war da auch sehr offen. Es gab Angriffe, klar, weil das angeblich zu viel Geld kostete. Aber wir haben es geschafft, das Frauenzentrum zu etablieren. Und die Frauen, die dann weitergemacht haben, haben geschafft, dass es bleibt. Bis hin zur Einstellung einer Gleichstellungsbeauftragten und bis zur Einrichtung eines Frauenschutzhauses hat es eine wichtige Rolle gespielt in der Stadt. Es wurde gefördert und später auch hauptberuflich geleitet. Viele Programme für Frauen wurden realisiert.

Wir haben uns damals ehrenamtlich engagiert, weil wir etwas für uns Frauen machen wollten. Wir hatten unsere Berufe und haben das getan, weil wir dachten: Das muss jetzt sein. Aber heute, wenn man um einen Sitz im Landtag oder Bundestag kämpft, da geht es leider oft nicht nur um die politische Arbeit, sondern auch um eine persönliche, existenzielle Absicherung und da gibt es natürlich Kämpfe um die Listenplätze.

In der DDR war Frausein das normalste der Welt. Ich habe nie darüber nachgedacht, ob Frauen benachteiligt sind. Das war einfach kein Thema, zumindest für mich. Es war ganz selbstverständlich. So wie ich war, wurde ich akzeptiert. Frauen konnten studieren, waren berufstätig, finanziell unabhängig. Nach der Wende, tja, ich weiß auch nicht. Ob wir da Angst bekommen haben oder ob es daran lag, dass da plötzlich so viele Männer die Stimme erhoben? Das Thema lässt mich seither nicht mehr los. Wir Frauen müssen aufpassen, dass wir nicht untergebuttert werden, und jede sollte etwas tun für andere Frauen und Frauennetzwerke schaffen. Zickenkrieg ist gar nicht hilfreich.

Ich weiß noch, als ich das letzte Mal im Frauenzentrum war, habe ich den Raum noch einmal durchgewischt, das war mein Abschied. Es gab genug andere und die haben super weitergemacht. Ich habe in meinem Job das Frauenthema immer im Bewusstsein behalten. Von weitem habe ich die Arbeit der Fraueninitiative weiterverfolgt. Geblieben ist auch mein EMMA-Abo. Das hat sich gehalten, über 30 Jahre.«

Quelle: Privatarchiv Eveline Günther

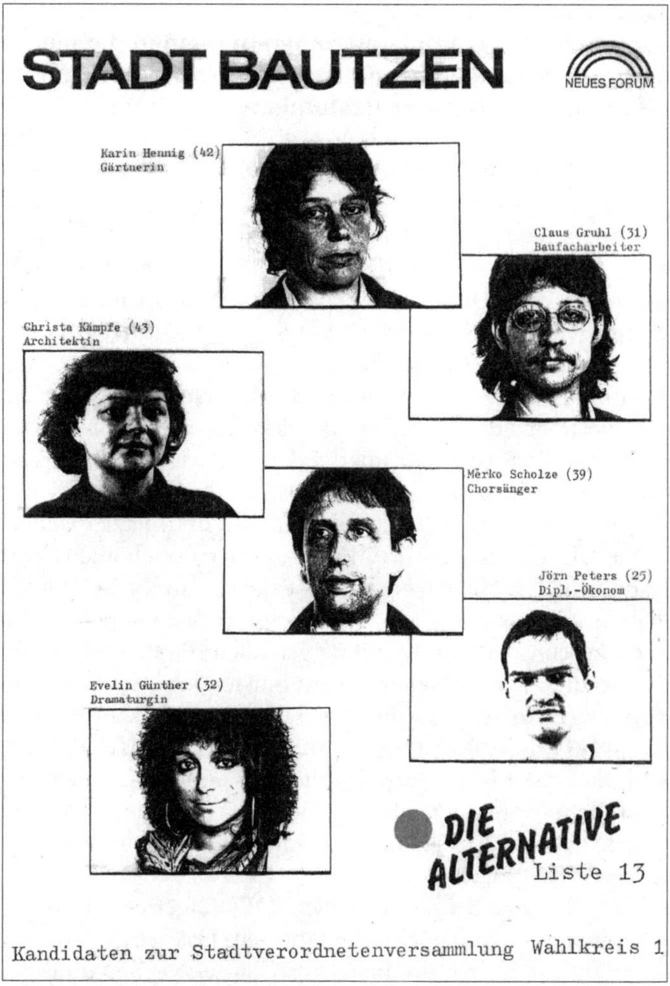

STADT BAUTZEN

NEUES FORUM

Karin Hennig (42)
Gärtnerin

Claus Gruhl (31)
Baufacharbeiter

Christa Kämpfe (43)
Architektin

Mêrko Scholze (39)
Chorsänger

Jörn Peters (25)
Dipl.-Ökonom

Evelin Günther (32)
Dramaturgin

DIE ALTERNATIVE
Liste 13

Kandidaten zur Stadtverordnetenversammlung Wahlkreis 1

Wahlplakat Neues Forum Bautzen 1990.

Claus Gruhl
»Ich habe nur einmal gewonnen in meinem Leben und das war 1989 – von da an habe ich wieder auf der Seite der Verlierer gestanden«

»Es bröckelte schon im Dezember 1989. Politische Ansichten traten zu Tage, die man vorher im Neuen Forum nicht wahrgenommen hatte. Man hatte ein gemeinsames Ziel, aber nach dem Mauerfall hat sich herausgestellt, dass viele Leute nur noch ein Ziel hatten, nämlich Deutschlands Einheit. Das kulminierte im Kohl-Auftritt am 19. Dezember 1989 vor der Ruine der Frauenkirche in Dresden. Da waren die vollkommen besoffen gewesen mit der Deutschen Einheit. Da dividierte sich das Neue Forum schon komplett auseinander.

Wir wollten eine reformierte, demokratisierte DDR. Wir wussten auch nicht so genau, was das sein sollte, aber wir hatten damals die Illusion, das müsste man jetzt machen. Aber wir, das Neue Forum und ich persönlich auch, sind ganz schnell auf dem Boden der Realität gelandet. In Bautzen haben wir uns einmal in der Woche in den Gemeinderäumen zu einer großen Beratung getroffen. Plötzlich kam die Forderung, wir als Neues Forum müssen jetzt die Deutsche Einheit verlangen. Da habe ich gesagt: ›Das machen wir nicht! Wir müssen doch hier erst einmal die Verhältnisse ändern!‹ Oh, da habe ich mir ganz schön etwas anhören müssen. So nach dem Motto, es reicht mit den Experimenten. Da wurde mir klar: Das war's jetzt. Es ging nur noch darum, ein paar Sachen festzumachen.

Als Christian Schramm in die CDU eingetreten ist, habe ich schon erst einmal schlucken müssen. Das gebe ich zu. Ich habe ihm natürlich die Frage gestellt: ›Was willst du denn dort?‹ Er hat es mir erklärt: ›Alles wird anders und es ist die richtige politische Heimat für mich.‹ Na ja, dann war das eben so. Aber ja, es hat mich irritiert. Unserer Freundschaft hat das aber keinen Abbruch getan. Er war in der CDU, ich im Neuen Forum. Bis zum 18. März 1990, danach hat sich das Neue Forum aufgelöst.

Ich habe mich von Anfang an den Grünen nahe gefühlt. Das hatte etwas mit der Umweltbewegung zu tun. Die Einzigen, die in die DDR kamen und Kontakt gehalten haben zu den Oppositionskreisen, waren die Grünen. Kohl hat sich meiner Kenntnis nach bis Oktober 1989 nicht für die DDR interessiert und die SPD hatte noch im Sommer 1989 eine Arbeitsgruppe mit der SED gegründet.

Für die Kommunalwahl 1990 haben wir das erste Mal Wahlkampf gemacht. Das war schon eine Aufgabe, die man bewältigen musste. Das hatten wir vorher ja noch nie gemacht. Das war schon eine Erfahrung. Dass man sich im Wahlkampf auf den Marktplatz stellt und versucht, irgendwelchen Leuten Zettel in die Hand zu drücken. Da macht man schon seine Erfahrungen mit Ablehnung und hört auch Beschimpfungen. Seit 1990 mache ich nun Wahlkampf für die Grünen und mit Beschimpfungen und Ablehnung musste ich immer leben. Das gehört bei uns in der Gegend bei den Grünen dazu.

Nach den Volkskammerwahlen am 18. März 1990 war mir klar, dass es mit dem Neuen Forum nicht mehr lange gehen wird. Wir haben dann noch die Kommunalwahl mitgemacht, und es sind auch Leute von uns ins Stadtparlament gewählt worden. Aber mir war klar, dass man, wenn man politisch etwas mitgestalten möchte in der neuen Bundesrepublik, das in einer Partei tun muss. Unsere repräsentative Demokratie funktioniert so. Und so war für mich auch klar, dass es nach dem 18. März 1990 für mich Richtung Grüne geht. 1991 habe ich dann bei der Gründung von Bündnis90/Die Grünen in Bautzen und in Sachsen mitgewirkt.

Na klar hat man auch gedacht: Jetzt hast du hier alles Mögliche versucht und am Ende bist du auf der Seite der Verlierer. Wir haben immer schlecht abgeschnitten, all die Jahre. Und ich habe immer gekämpft. Ich habe fast mein ganzes Leben auf der Seite der Minderheit gestanden. Ich habe nur einmal gewonnen in meinem Leben und das war 1989 – von da an habe ich wieder auf der Seite der Verlierer gestanden. Wenn man das mal realistisch betrachtet. Aber man muss zu seinen Überzeugungen stehen, ob es ankommt oder nicht. Zu

DDR-Zeiten hatten wir nicht den Eindruck, dass wir die Mehrheit sind. Im Gegenteil. Oft waren wir am Verzweifeln, weil wir uns gesagt haben: Normalerweise müssen viel mehr Leute aufbegehren. Wir haben uns mitunter schon ziemlich einsam gefühlt. Es war nicht nur in Bautzen, sondern in der ganzen DDR nicht so, dass die Opposition eine Massenbewegung war. Das war eine Minderheit, die dann praktisch die Leute mitgenommen hat.«

Christian Schramm
»Ich sage immer mit der Kenntnis der späteren Jahre: Es war die Zeit, in der wir am meisten gestalten konnten ohne große Bürokratie«

»Wer schalten will, muss am Hebel sitzen. Und so hat dann jeder überlegt, welche innere politische Haltung er denn zu diesem neuen Quasi-Staat hat oder zu dem, der sich gerade gestaltete. Denn so genau wusste man das ja noch nicht. Und da haben sich manche für die CDU entschieden. Ich zum Beispiel.

Wann das war, kann ich nicht mehr genau sagen. Ich meine, Ende Dezember 1989. Damals war die CDU noch eine Blockpartei, aber schon ziemlich in Umbrüchen. Und vielleicht habe ich gesagt: ›Wir versuchen, das einmal in eine andere Richtung zu schieben.‹ Ich wollte politisch gestalten. Das wäre doch unrealistisch gewesen, zu sagen, ein neuer Staat – die Volkskammerwahl lag ja noch vor uns – oder ein neues Land hätte sich durch Runde Tische organisieren lassen. Es war klar, es wird politische Parteien und Gruppierungen geben und da musste man dort auch mitarbeiten. In die außerparlamentarische Opposition zu gehen, das war nicht meine Vorstellung. Und da lag mir die CDU mit ihrem C in ihrem Betriebsemblem nahe und ich kannte auch Leute dort.

Oberbürgermeister zu werden – das war nie mein Ziel, das habe ich nicht angestrebt. Ich hatte meinen Beruf: Bis Mai 1990 war ich Bezirkskatechet. Ich bin in den Stadtrat gewählt worden – das hatte ich auch angestrebt. Es war auch klar, dass man Verantwortung übernehmen muss. Man kann doch nicht Veränderungen anstreben und wenn sich die Chance auf Veränderung auftut sagen: ›Es geht mich nichts an.‹ Aus dem Stadtrat heraus bin ich im Mai 1990 zum Bürgermeister gewählt worden. Aber das war nie meine Intention. Ich habe mir auch Rat geholt, beim Ältesten unserer Brüdergemeinde in Moritzburg. Denn es war klar, wenn ich das mache, muss ich aus meinem Beruf rausgehen. Nach einer Bedenkzeit sagte er mir: ›Mach es. Ihr habt um Veränderungen gekämpft. Wir stellen dich frei.‹

Ich dachte damals: Gut, vier Jahre. Die erste Wahlperiode. Die machst du und dann gehst du in deinen Beruf zurück. Nach 25 Jahren habe ich gemerkt, der Punkt ist nicht gekommen, jedenfalls nicht nach vier Jahren. Ich habe es nicht bereut. Die erste Zeit hat inhaltlich genau das an Kraft und Aufgabenzuwendung gebraucht, was 1989 als Forderung in der Maria-und-Martha-Kirche im Raum stand: Wohnungen, Wirtschaft, Freiheit – gut, das war nicht Sache der Kommune, aber all diese Themen lagen plötzlich auf dem Tisch des Bürgermeisters. Der Zerfall der Altstadt. Die Bautzener sind eine bürgerliche Stadtgesellschaft und haben an ihrer Altstadt gehangen. Die Altstadt, das waren nicht nur Wohnungen und Gebäude, sondern sie stand symbolisch für den Zerfall des Staates und einer Gesellschaft. Deshalb war es wichtig, die Rückgabe der Gebäude an die ursprünglichen Besitzer durchzuführen, wenn es erwünscht und möglich war, und in die Puschen zu kommen. Das war ein unendliches Bündel an Aufgaben und man muss sehen, dass wir Leute, die nun neu in die Verwaltung kamen, keine ausgebildeten Verwaltungsfachleute waren. Alle Verwaltungsprozesse und Rechtsprozesse waren Neuland. Das war spannend und auch etwas Schönes. Ich sage immer mit der Kenntnis der späteren Jahre: Es war die Zeit, in der wir am meisten gestalten konnten ohne große Bürokratie.

Die Friedliche Revolution und der ganze Prozess ist ein Wunder. Aber es hätte mehr Zeit gebraucht. Die hatten wir nicht. Die Weltgeschichte hat uns das Zeitfenster nicht größer gemacht.«

Foto: Rolf Dvoracek

Pressekonferenz am 30. Mai 1990.

Lutz Hillmann
»Die Welt ging auf und da haben sich die Leute erst einmal am Konsum festgehalten«

»Oh Gott, das war furchtbar. Die Leute waren mit völlig anderen Dingen beschäftigt. Wir waren sehr einsam in unseren Vorstellungen im Theater. Selbst war man ja auch bewegt und musste sich gedanklich neu ordnen. Aber wir hatten unseren Job und den mussten wir machen. Es gab dann auch diese Veranstaltungen im Theater, in denen man sich über die Zukunft unterhielt. Diese Gesprächsforen funktionierten gut. Aber wir hatten Premieren, die waren völlig falsch platziert. Zum Beispiel die ›Richtstatt‹ von Tschingis Aitmatov. Es war ein Beitrag zu der Zeit und auch zum Denken, aber da war niemand mehr, der sich damit beschäftigen wollte. Ja, das ist bitter. Aber man konnte die Leute auch nicht beschimpfen und sagen: Nun kommt doch mal ins Theater und kümmert euch nicht nur um den Westen. Nein, das ging nicht. Die Welt ging auf und da haben sich die Leute erst einmal am Konsum festgehalten.

Als dann die Währungsunion kam, das war auch unvorstellbar. Unvorstellbar, dass man plötzlich mit Westmark Semmeln kaufen geht und Butter. Das war doch Geld, mit dem man immer nur wertvolle Sachen kaufte. Das war im Sommer 1990. Wir haben damals so viel Geld gespart, denn wir haben fast nie Geld ausgegeben, weil es für uns so wertvolles Geld war.

Ich erinnere mich nicht, Sorgen um meine Arbeit gehabt zu haben oder Sorgen darum, was aus mir im neuen System wird. Ich war 30 – was sollte mir denn passieren? Ich wollte einen offenen Fernsehkanal machen in Bautzen. Das hatte ich mir vorgenommen und habe daran gearbeitet. Ich habe Hörspiele produziert. Meine Auftraggeber waren in West-Berlin, und realisiert habe ich es hier im Trickfilmstudio in Dresden. Das war alles so aufregend. Ich hatte plötzlich so viele Perspektiven, so viele Möglichkeiten. Am Ende bin ich im Theater geblieben. Ich bekam die Möglichkeit, zu inszenieren und in die Schauspielleitung zu gehen. Immer wenn ich abspringen wollte, bekam ich hier neue, immer bessere Angebote und so bin ich geblieben.«

Foto: Rolf Dvoracek

Schlange stehen für die Antragstellung zum Geldumtausch.

Frank Hiekel
»An uns gab es kein gerades Haar mehr, wir hätten alles falsch gemacht, was man hätte falsch machen können«

»Abtauchen war keine Option für mich. Das wäre Feigheit gewesen und ich hätte die Bediensteten und vor allem auch die Bürgerinitiative im Stich gelassen. Mir war völlig klar, dass ich in dieser Position Dinge, die in mir vorgingen, nicht mit den Bediensteten diskutieren konnte. Zu dieser Zeit hatte ich aber auch gar keine Zeit, um einen Freundeskreis zu pflegen und zu hegen sowie Gespräche zu führen. Ich war mehr im Gefängnis als zu Hause. Ich bin es gewohnt, Dinge mit mir selbst klarzumachen. Damals habe ich meine Pflicht wahrnehmen und dabei zu einem guten Ergebnis kommen wollen: Dass den Gefangenen nichts passiert, dass keiner schwer verletzt wird, dass keiner ums Leben kommt und wieder Frieden in diese Anstalt einzieht. Das ging nur über den Weg, dass möglichst viele Gefangene auf rechtlich vertretbarem Weg entlassen werden. Das waren meine Ziele und Bestrebungen. Auch, dass die Bediensteten mitmachen. In der Situation war der Krankenstand natürlich enorm nach oben gegangen.

Wenn die Gefangenen damals nicht lauthals protestiert hätten, wäre es vielleicht am Ende nicht alles so gekommen, wie es gekommen ist. Die Bevölkerung hatte Angst, vor allem im Stadtteil Gesundbrunnen. Dort gab es auch eine Kirchgemeinde, in welcher damals Pfarrer Schulze verantwortlich war. Es gab dann in Bautzen auch eine Arbeitsgruppe Strafvollzug. Der Gefängnispfarrer Wendelin hatte den Kontakt zu dieser Gruppe geknüpft und mich vorher gefragt, ob ich bereit wäre, mit diesen Menschen zu reden und zusammenzuarbeiten. Ich habe das als rettenden Strohhalm erkannt. Natürlich sind wir dann erstmal mit unterschiedlichen Intentionen rangegangen, mit all dem Misstrauen, das wir am Anfang vielleicht gegenseitig auch hatten. Wir haben uns zusammengefunden, menschliche Berührungspunkte entwickelt. Dieser Schritt, auf die Kirche zuzugehen, sage ich einmal, das ist mir leichtgefallen. Denn ich hatte ein Faible für Kirchenmusik. Orgelkonzerte, zum Beispiel in der Kreuzkirche in Dresden, waren für mich vollendeter Kunstgenuss.

Durch diese Zusammenarbeit ist es uns gelungen, dass wir die Proteste so lenken konnten, dass keine Übergriffe stattgefunden haben. Man muss wissen, dass das Strafvollzugsgesetz der DDR einen Schießbefehl beinhaltete. In dem Moment, wenn ein Gefangener versucht, zu flüchten, war es Vorschrift, ihn an der Flucht zu hindern und notfalls von der Schusswaffe Gebrauch zu machen. Wir hatten in Bautzen in der Zeit von Oktober 1989 bis zum Tag der Wiedervereinigung, am 3. Oktober 1990, meines Wissens nach drei Ereignisse, wo Gefangene drohten in Größenordnungen aus der Anstalt auszubrechen. Da war jedes Mal die Anstalt von Spezialeinheiten umstellt.

Mit der Bürgerinitiative haben wir später auch völlig verrückte Sachen gemacht, Runde Tische zum Beispiel. Das muss man sich überlegen, das gab es doch überhaupt nicht! Das muss man sich so vorstellen: Zehn Gefangene, zehn Bedienstete und jemand von der Bürgerinitiative. Es wurde auch Protokoll geführt. So ist es dazu gekommen, dass die Situation wenigstens phasenweise beruhigt werden konnte. In dieser Zeit entstand auch die Gefangenenzeitschrift ›Ruf aus Bautzen‹. Diese Runden Tische waren ein völlig verrücktes Ereignis, was mir dann aber später große Probleme gebracht hat.

Unter den Gefangenen, die nicht unter die Regelungen der Amnestie fielen, entstand eine große Unzufriedenheit, die zu weiteren Protesten führte. Das größte Ereignis dieser Art war am 28. März 1990: 34 Gefangene besetzten im Inneren der Anstalt den Arbeitsbereich, der für das Mähdrescherwerk Bischofswerda arbeitete. In dem Arbeitsbereich war eine Farbwanne mit 1.000 Liter Farbe, die explosiv war. Die Gefangenen drohten, diese in die Luft zu sprengen. Nicht nur wäre die Anstalt zerstört worden, auch das angrenzende Wohngebiet war in Gefahr. Ich habe nachts den Pfarrer Schulze angerufen und ihn gebeten, in die Anstalt zu kommen. Er kam, ich habe ihn eingewiesen, ihm erklärt, dass er sich in Lebensgefahr begibt. Er bekam ein Funkgerät von mir, damit wir in Verbindung bleiben konnten und ging rein. Nach stundenlangem Verhandeln ist es geglückt, die Gefangenen von ihrem Vorhaben abzubringen. Sie hatten dann Angst. Sie haben darum gebeten, dass sie nicht bestraft werden und nicht in andere Anstalten verlegt werden. Ich bin von Pfarrer Schulze gebeten worden, diese Zusagen zu machen. Aus meiner Sicht waren es berechtigte Forderungen. Aber ich konnte mich nicht durchsetzen. Das Schlimme ist, dass man dann wortbrüchig wird. Sowohl der Anstaltsleiter, als auch die höhere Ebene hatten sich dagegen entschieden. Zwei Gefangene, die man meinte als Rädelsführer identifiziert zu haben, hat man meines Wissens nach Brandenburg verlegt. Das war für mich eine persönliche Niederlage.

Weil ich später wissen wollte, wie Entscheidungen 1990 zustande gekommen sind, habe ich nachgeforscht. Um die Volkskammerwahl am 18. März 1990 herum gab es Kontakte zwischen Ost und West. Die Wiedervereinigung stand auf der Agenda, diese sollte aber friedlich, ohne Proteste über die Bühne gehen. Das stärkte die DDR-Regierung, die nach der Wahl im Amt war – unter de Maizière und Innenminister Diestel. Viele alte Strukturen lebten wieder auf. Da waren die alle wieder da. Das hat uns hier in Bautzen auch einen Kontrollgruppeneinsatz eingebracht, wobei so ein Kontrollgruppeneinsatz normalerweise eine Woche dauerte. Die waren aber drei Wochen da und sind auf die Anstalt losgegangen mit dem Ziel, die Bürgerinitiative aus der Anstalt rauszudrängen und den weiteren Stellvertreter, Herrn Weidhase, und mich aus der Anstalt zu entfernen, weil wir die Entscheidung getroffen hatten, die Bürger reinzulassen und damit gegen damals bestehende Befehle und Weisungen verstoßen hatten. Da waren die noch mal ganz stark. Da wurde versucht, alles kaputtzumachen, was mühevoll und in vertrauensvoller Arbeit erreicht worden war.

Das war niederschmetternd. Man hätte doch froh sein können, dass wir das alles so hingekriegt hatten, dass da den Gefangenen und den Bediensteten nichts passiert war. Ganz das Gegenteil hat aber stattgefunden. An uns gab es kein gerades Haar mehr, wir hätten alles falsch gemacht, was man hätte falsch machen können. Das tat schon weh.

Ich hatte ja schon mit dem System abgeschlossen und brauchte das in der Phase nicht mehr zu tun. Innerlich wusste ich, dass ich förmlich richtig entschieden hatte. Zu diesem Zeitpunkt war es mir auch egal, was sie mit mir machen. Meinen Kollegen, den zweiten Stellvertreter, den haben sie dann tatsächlich rausgeschmissen. Bei dem haben sie es geschafft. Mein Chef wurde immer kränker und hat sich in den Ruhestand begeben. Mir wurde die Anstalt übertragen. Offiziell. Innerlich hatte ich mir gesagt: Ich steige aus. Das habe ich auch mit mir vertrauten Menschen kommuniziert, die mich gebeten hatten, das nicht zu tun.

Ich bin froh und glücklich, dass das alles so gelaufen ist. Ich bin froh, dass ich die Möglichkeit hatte, zu anderen Erkenntnissen zu kommen. Ich bin froh, über meine innere Umkehr und meine andere Gedankenwelt offen sprechen zu können. Und ich bin auch froh darüber, dass ich die Kraft habe, mich Gesprächen mit ehemals Betroffenen zu stellen. Ich sehe das als ein Stück Aufgabe zur Aufarbeitung meiner moralischen Schuld, die ich in der Zeit auf mich geladen habe.«

Georg Kanig
»Überall, wo man hinkam, wurde man auf die Gefängnisse angesprochen. Bautzen war bekannt. Und so fühlten wir auch eine Last auf uns, obwohl wir ja nichts dafürkonnten«

»Von Greifswald bis Zittau, entlang der B 96 quer durch die ganze DDR, sollte es am Sonntag, den 3. Dezember 1989, eine Menschenkette geben. Ich weiß nicht mehr, wer es ansprach, ob das Neue Forum oder der Kirchenvorstand. Es war jedenfalls klar, wir beteiligen uns. Es wurde überlegt, die beiden Gefängnisse der Stadt mit einzubeziehen, aber auch Sicherheit zu geben, dass die nicht überrannt werden. Ich bin beauftragt worden, bei Bautzen II, dem Stasi-Gefängnis, dabei zu sein. Nach dem Gottesdienst in der Maria-und-Martha-Kirche bin ich deshalb um 11 Uhr dorthin gegangen. Mit bebendem Herzen. Dieser Ort war ein Tabu. Man blieb nicht davor stehen. Ging, wenn überhaupt, nur schnell daran vorbei.

Ich habe am Tor geklingelt. Die Tür ging auf und ich bin zum ersten Mal dort rein. Und stand auf dem Hof. Ich bin an das Torhäuschen, das war etwa 20 Meter entfernt. Da öffnete sich eine Klappe des Fensters: ›Was wünschen Sie?‹ Ich habe gesagt: ›Ich will Ihnen nur sagen, in einer Stunde kommen Menschen, die ihre Solidarität mit den Gefangenen ausdrücken wollen. Nicht, dass Sie denken, jetzt wird zum Sturm auf die Bastille gerüstet.‹ Der Mann antwortete mir: ›Ja, gut. Dann weiß ich das. Ich sage Bescheid.‹

Ich bin dann nach Hause und nach einer halben Stunde wieder dorthin. Da standen vielleicht 30 Leute davor, sie wirkten etwas ratlos. Pfarrer Simmgen war auch dort. Spontan hat er sich das Herz genommen und hat geklingelt. Das war nicht abgesprochen. Er ist dann rein. Als er endlich nach ungefähr 15 Minuten wieder aus dem Tor trat, erzählte er uns, er wäre freundlich empfangen worden. Er sagte, dass zwei Offiziere mit ihm gesprochen hätten und den Gefangenen unsere Botschaft ausrichten würden. Dann sind wir wieder nach Hause gegangen.

Einen Tag später war wieder eine Montagsdemonstration und diese führte zum Gefängnis Bautzen II und zur Kreisdienststelle der Stasi. Da wurden Namen gerufen und Kerzen aufgestellt. Offenbar kannten einige die Namen von Inhaftierten.

Die Autos der Bediensteten auf dem Parkplatz waren weitestgehend weg. Die Bediensteten wussten: Wenn sie Pech haben, haben sie auf ihrem Auto eine Kerze. Ich habe gesehen, wie im Haus, im 2. Stock auf der rechten Seite, in den Fenstern Lichter hin und her geschwenkt wurden. So, als ob Feuerzeuge oder Kerzen hin und her geschwenkt wurden. Die Fenster selbst waren ja mit Farbe zugestrichen. Aber an diese Lichter kann ich mich genau erinnern. Das war schon ein großes Ereignis in der Stadt. So etwas hatte es vorher nicht gegeben, denn die Polizei hätte das sofort auseinandergetrieben. Dort waren so viele Menschen, vielleicht 200 oder 300. Die Menschen haben Mut gefasst. Es war ein Heranpirschen. Die Leute wurden mutiger. Und so wurden auch wir mutiger.

Ich war dabei, beim ersten Runden Tisch in Bautzen im Kolpinghaus, am 15. Dezember 1989. Der Kirchenvorstand St. Petri sollte zwei Leute stellen, deshalb bin ich zusammen mit Dr. Bleyl dorthin gegangen. Es ging um Verfahrensfragen. Es war unsicher, wer überhaupt alles teilnehmen und berechtigt sein sollte, am Runden Tisch der Stadt und des Kreises zu sitzen. Ob die Parteien, die FDJ, ob die Volksarmee. Deren Vertreter, der Presseoffizier, war in Uniform da. Das musste alles erst diskutiert werden, wer dort überhaupt berechtigt ist. Ich war nur dieses eine Mal dabei, denn danach schickte der Kirchenbezirk einen Pfarrer statt meiner. Aber ich wurde gefragt, ob ich bei der Arbeitsgruppe Bautzen II / Neues Forum als Vertreter der Evangelischen Kirche mitmachen würde. Da waren Christian Schramm, Christa Groschwald, Dr. Eva Lenk, Frau Bartosch, Herr Benkewitz und ich dabei. Am 16. Januar 1990 sind wir zum ersten Mal ins Gefängnis Bautzen II, das Gefängnis der Staatssicherheit in Bautzen, gegangen.

Uns war schon etwas mulmig: Was wird uns erwarten? Der Chef, Oberstleutnant Alex, führte uns durchs Haus. Mein erster Eindruck? Da standen Gefangene in langen Mänteln mit gelben Streifen drauf. Später erfuhren wir, dass die Gefangenen die gelben Streifen ›Schussbalken‹ nannten. Es war sehr kalt im Treppenaufgang und es zog im Haus. Es war gespenstisch: Die Gefangenen in den Mänteln bauten an den Schlössern herum. Der eine war groß und schlank, ein älterer Herr, vielleicht um die 70. Und ich dachte: ›Was macht denn ein alter Mann im Gefängnis?‹ Heute weiß ich, wer das war: Edmund Langer. Wir wurden herumgeführt und dem Gefangenenrat vorgestellt. Dort haben wir das Prozedere besprochen. Zwei Tage später sind wir wieder reingegangen. Ich habe eine Liste mit allen 39 Gefangenen bekommen. Wir konnten mit den Gefangenen sprechen, die mit uns sprechen wollten.

Bedrückt und völlig unsicher habe ich mich gefühlt. Erstens hatten wir keine Ahnung über Abläufe, zweitens hatten wir überhaupt keine juristischen Vorkenntnisse. Drittens waren wir absolut unsicher. Wir wollten Licht ins Dunkel bringen, denn dieses Gefängnis war ein absolutes Tabu. Wir wollten Garantien, dass keine Übergriffe des Personals geschehen, wir wussten ja nicht, was dort los war. Wir wollten, dass nichts verbrannt wird, Unterlagen nicht verschwinden. Wir wollten Transparenz herstellen. Die Stadt sollte Einblick erhalten in diesen Ort. Überall, wo man hinkam, wurde man auf die Gefängnisse angesprochen. Bautzen war bekannt. Und so fühlten wir auch eine Last auf uns, obwohl wir ja nichts dafürkonnten. Aber daraus erwuchs für uns eben die Aufgabe, nun für Transparenz zu sorgen. Geht dort rein, guckt, was los ist, und kümmert euch um die Gefangenen. Das war unsere Aufgabe.

Die Gefangenen erwarteten von uns, dass wir ihnen Recht verschaffen, dass wir sie rauslassen. Das konnten wir nicht. Wir konnten uns um Ansprechpartner kümmern. Es war ein Trauerspiel, diese fünf alten Männer zu sehen, die dort auch inhaftiert waren. Sie alle machten einen so desolaten Eindruck.

Wir wussten nicht, warum sie dort drin waren. Wir erhielten am 18. Januar 1990 von der Leitung eine Übersicht, in der die Paragraphen des DDR-Strafgesetzbuches die der Verurteilung zugrunde lagen, angegeben waren. In der Liste stand zwar Terror oder so etwas, oder auch Mord – aber was im Einzelnen geschehen war, nicht. Wir trauten diesen Angaben nicht. Wir haben, jedenfalls ich, keine Urteile eingesehen. Zum Teil waren sie nicht auffindbar, darüber hinaus misstrauten wir diesen Urteilen ebenfalls. Deshalb forderten wir – mit den Gefangenen – eine unabhängige Überprüfung.

Wir haben immer zuerst mit der Leitung des Gefängnisses gesprochen, dann mit dem Gefangenenrat, dann mit einzelnen Gefangenen und dann wieder mit der Leitung. Das hatte sich bewährt. In der ersten Zeit sind wir zwei Mal in der Woche reingegangen, später einmal in der Woche oder alle 14 Tage. Im Januar 1992 wurde Bautzen II geschlossen. Auffällig war, dass die Unsicherheit des Personals deutlich war. Einmal kamen einige aus den Diensträumen im Verwaltungsgebäude und meinten: ›Wieso kümmert ihr euch nur um die Gefangenen und nicht um uns? Unsere Zukunft ist völlig unsicher. Wir werden beschimpft als Verbrecher und Täter. Wieso macht ihr nichts für uns? Keiner von uns weiß, wie es weitergeht. Werden wir entlassen? Werden wir bestraft?‹ Sie waren Werkzeuge des Systems, das war klar. Trotzdem musste man die Nöte zunächst hören. Einige hatten sich ja auch schon verdünnisiert. Einer zum Beispiel mit Spitznamen Hähnchen. Von dem erzählten uns dann andere vom Personal, wie er Gefangene provozierte.

Wir mussten uns um den Verbleib der Gefangenen kümmern. Die erste Amnestie war am 27.10.1989 für die im Oktober 1989 Zugeführten. Am 7.12.1989 kam die zweite Amnestie für Strafen bis zu drei Jahren. Die meisten anderen politischen Gefangenen kamen dann am 22.12.1989 raus, unabhängig von ihrem Strafmaß. Wir haben mit denen, die dann noch drin waren, geredet. Einen habe ich gefragt: ›Warum sitzen Sie hier?‹ – ›Terror. Ich habe eine Tankstelle in die Luft sprengen wollen, um meine Flucht zu erpressen.‹

Dann fragte ich einen anderen, der schaute nur auf den Boden. Ein Mitgefangener sagte: ›Der hat fünf Kinder ermordet.‹

Sie stehen das erste Mal vor einem Gefangenen und kennen seine Geschichte nicht. So war das. Wir mussten mit allen reden, mit allen Gefangenen, mit allen Bediensteten. 1992 steigerten sich die Angriffe auf das Personal durch die Presse, angeschoben auch durch das Bautzen-Komitee. Wir haben uns auf folgende Position gestellt: Natürlich kann man jemanden angreifen, aber es muss rechtsstaatlich erfolgen. Man muss differenziert denken und es verdient jeder eine Chance zum Neuanfang. Es sei denn, es steht ein richtig schweres Verbrechen dahinter. Das muss man nachweisen. Das ist der Rechtsstaat. Natürlich gab es Unschärfen, oder wie Bärbel Bohley sagte: ›Wir wollten Gerechtigkeit und bekamen den Rechtsstaat.‹

Ich erlebe noch heute viele Bedienstete, die sagen: ›Was wollt ihr denn?‹ Bis heute begreifen sie nicht, in welchem Maße sie für die Diktatur gearbeitet haben. Die sagen: ›Was wollt ihr denn, die sind doch alle verurteilt worden. Nach unseren Paragraphen, nach dem Strafgesetzbuch.‹ Sie begreifen nicht, dass es übergeordnete Menschenrechte gibt. Republikflucht zum Beispiel: Wenn der Baganz hätte gehen können, wäre die ganze Geschichte mit dem toten Polizisten und dem Verwundeten nicht notwendig gewesen. Es wäre nicht geschehen. Aber ich kann niemanden zwingen, sich damit auseinanderzusetzen.

Unsere Arbeit haben wir ehrenamtlich, neben unserer beruflichen Tätigkeit, gemacht. Sie war anfangs sehr wichtig, um Hoffnung und Transparenz zu setzen. Damit Gefangene und Bedienstete Gesprächspartner hatten. Die Ernüchterung setzte natürlich bei den Gefangenen ein, als sie merkten, dass wir juristisch nichts machen können. Wir haben Briefe geschrieben, wir haben die Situation der alten Herren beschrieben, von denen sicher keine Gefahr mehr ausging. Wir haben den Minister Ullmann hergeholt, wir haben mit dem Herrn Heitmann geredet, wir haben den Herrn Vaatz herbeigeholt. Wir haben verschiedene Klaviaturen gespielt.

Wir haben Öffentlichkeit hergestellt, soweit das ging. Ich erinnere mich an eine Pressekonferenz im April 1990 mit den Bürgerinitiativen Bautzen I und Bautzen II zusammen. Da ging es aber mehr um die restriktiven Tendenzen in Bautzen I, wo die Rechte der Bürgerinitiative wieder zurückgenommen wurden.

Wir hatten damals keinerlei Legitimierung, wir hatten einen Zettel von den Gefangenen bekommen, in dem die Gefangenen akzeptiert hatten, mit uns zu reden. Wir wollten vom Runden Tisch legitimiert werden und formulierten unsere Bitte. Vom Runden Tisch der Stadt und des Kreises Bautzen erhielten wir auf unsere Bitte um Legitimation nie Antwort. Denn mit der Volkskammerwahl am 18. März 1990 hatte der seine Kompetenz verloren. Die erste offizielle Legitimation erhielten wir am 16. August 1990 von Oberstleutnant Alex. Er hat uns allen damals einen Beiratsausweis gegeben. Meiner liegt heute im Stadtarchiv. Er ist erhalten geblieben.«

Christa Kämpfe
»Bei den meisten Häusern konnte ich mir vorstellen, was man daraus machen konnte. Es gab aber auch Häuser, da dachte ich, hier verlässt mich meine Phantasie«

»Wir waren eine ziemlich große Gruppe und wir waren sicher, dass das Neue Forum wesentlich den Aufbruch geprägt hatte. Und dass wir dabei gewesen waren, das war ein tolles Gefühl. Es war eine Zeit, die ich nicht missen möchte. Aber dann zeigte sich, jetzt ist es anders. Enttäuscht bin ich nicht, vielleicht höchstens von Einzelfällen. Aber das ist eine andere Sache.

Es musste jeder für sich entscheiden, wie es weitergehen soll. Ob er bei den Grünen mitmacht, bei der CDU oder bei was auch immer. Als ich von der Stadtverwaltung das Angebot bekam, die Denkmalbehörde aufzubauen und diese auch zu leiten, da war ich zuerst hin- und hergerissen. Aber dann dachte ich: Das ist jetzt dran. Anfangs habe ich mich schwer getan mit der Verwaltung. Aber ich wusste, dass ich gut erklären kann, wenn ich mit Menschen ins Gespräch komme, um für ein Haus eine Lösung zu finden. Und dann habe ich das viele Jahre gemacht.

Anfangs, als ich denkmalrechtliche Genehmigungen schreiben musste, dachte ich, meine Güte, da muss man doch blumiger schreiben. Aber wenn man merkt, dass es einem auf die Füße fällt, wenn man zu feinfühlig, zu viele Möglichkeitsformen schreibt, da habe ich das wieder verändert. Manchmal habe ich aber gedacht: Werde ich jemals wieder einen schönen Brief schreiben können?

Es war ein unheimliches Geschenk, dass man so mitgestalten konnte. Das hätte ich vorher nie für möglich gehalten, dass ich jemals so eine Chance bekommen würde. Obwohl das nicht immer reibungslos ging. Es gab einige Bauherren, die mich sonst wohin gewünscht haben. Das weiß ich. Es war eine irre Zeit. Bei den meisten Häusern konnte ich mir vorstellen, was man daraus machen konnte. Es gab aber auch

Häuser, da dachte ich, hier verlässt mich meine Phantasie. Da wusste ich nicht, ob man es wirklich schafft, sie zu erhalten. Da denke ich an eine Kollegin, eine Architektin aus Hamburg, die aber aus Bautzen stammte. Die hatte sich eines dieser Häuser vorgenommen und es ist wunderbar geworden. Das war toll.

Die Erschließungspläne als Teil der Planung ›Westliche Kernstadt‹, die in den letzten Jahren der DDR entstanden waren, brachten der Stadt Bautzen Anfang der 1990er Jahre einen großen Vorteil. Bei vielen Häusern in der Altstadt waren die Eigentumsverhältnisse noch viel zu verworren, oftmals waren sie verwaltet durch die WOBA. Aber in den meisten Fällen waren die Eigentumsverhältnisse unklar. Die Stadt aber hatte den Vorteil, sofort mit den Tiefbauarbeiten beginnen zu können, denn die Pläne waren aus der DDR-Zeit da. Das Geld für die Tiefbau-Arbeiten war auch da. Es war ja sozusagen neutrales Gelände und es konnte gearbeitet werden. Das war unser Glück.

Was die Denkmalbehörde und mich in Person ganz schön beschäftigte, war der große Streit um das Straßenpflaster. Also die Tiefbauer hätten es am liebsten gehabt, das Pflaster herauszureißen und alles zu asphaltieren. Begründet wurde es damit, dass es in ganz Bautzen niemanden mehr gab, der pflastern konnte. Wir haben aber erreicht, dass das Pflaster nicht verkauft oder verbuddelt wurde. Da gab es auch Initiativen. Und die Leute passten auf. Es gab Anrufe: ›Hier wird Pflaster verschüttet mit Sand!‹ Dann musste es wieder ausgebuddelt werden. Später war es ein Selbstläufer: Die Granitplatten der Gehwege wurden nummeriert, damit sie wieder an dieselbe Stelle kamen. Aber am Anfang war das schwer. Es wäre eine Katastrophe gewesen, wenn wir unsere Straßen in der Altstadt betoniert oder asphaltiert hätten. Da gibt es genügend Beispiele in westdeutschen Städten, die das schmerzhaft vor Augen führen. Ich habe das immer verglichen mit einer Dame in zauberhaftem Kleid und Filzpantoffeln an den Füßen.

Es waren turbulente Zeiten und alles passierte in großer Geschwindigkeit. Wenn ich mir überlege: Allein in den

Jahren 1991 bis 2011 sind 335 Förderanträge in der Altstadt umgesetzt worden, also die Häuser wurden saniert. Das ist doch irre. Es war so eine Freude, das zu erleben. Bei aller Liebe und allem Enthusiasmus, den wir hatten, konnte man sich das vorher nicht so richtig vorstellen. Das war eben das Besondere an dieser Zeit. Es ist ein Geschenk, dass ich das erleben konnte und dafür bin ich sehr dankbar.«

Jürgen Matschie
»Es kam eine Gesellschaft mit vielen Versprechungen, vielen Verlockungen, vielen Möglichkeiten, die sich aber nur einlösten, wenn man das Geld hatte«

»Im Winter 1989/1990 ging der Wahlkampf los für die Volkskammerwahl. Die Parteien fingen an, mit ihren Plakaten die Stadt vollzupflastern und jeder in der Stadt gab sich in seinem Schaufenster zu erkennen, für welche Seite er stand. Als ich auf der Goschwitzstraße langging, sah ich im Optikergeschäft ein Plakat der CDU: ›Zukunft beginnt zu Hause‹. Das Plakat hing in der Tür und quer darüber stand: ›Zur Zeit keine Reparaturannahme‹. Das habe ich fotografiert und an die Bautzener Kulturschau geschickt. Die haben es auf der dritten Umschlagseite gebracht und prompt gab es Protest-Leserbriefe. Das ist die Kraft eines Bildes. Die Kraft der Kunst, etwas zu transportieren, was beim anderen Regung erzeugt.

Man wurde überrollt von den Ereignissen. Permanent prasselte etwas auf einen ein. Das Neue Forum und die Bürgerbewegten machten sich Gedanken über die Änderung der Gesellschaft und die anderen haben Fakten geschaffen. Was ich wollte? Einen gemäßigten Übergang, keine Übernahme, die dann propagiert wurde. Sondern ein Annähern, ein Verschmelzen über einen längeren Zeitraum. Sicher war ich enttäuscht, einer unter vielen.

Das neue Gesellschaftssystem war eine Befreiung für mich. Natürlich musste ich mich informieren. Alle, die das nicht gemacht haben und gesagt haben: ›Nee, das ist mir zu viel und ich will es wieder so haben, wie es vorneweg war‹, sind missmutig in der neuen Gesellschaft gelandet. Ich habe vorher freiberuflich gearbeitet und musste nun sehen, dass ich mich neu orientiere. Ich habe Kontakte nach Berlin gesucht zu Agenturen, habe versucht, Bilder zu verkaufen, neue Arbeitsfelder gesucht und in Technik investiert, damit ich arbeiten kann. Natürlich habe ich mich gekümmert, was es für neue Gesetze gibt. Nachgelesen, was das ist, die Mehrwertsteuer. Wenn ich etwas Neues herausbekommen habe, habe ich es im Kollegenkreis weitergesagt. Ich habe den Sorbischen Künstlerbund mitgegründet, bin auf das Gericht gerannt und habe die Finanzen gemacht, eine ABM-Stelle besorgt und die Leute bezahlt. Aber irgendwann habe ich gemerkt, dass nicht jeder so mitspielt und da musste ich mich verabschieden. Seitdem bin ich dort raus und komme am besten mit mir allein zurecht. Ich muss nicht überall meinen Senf dazugeben. Wenn man so will, bin ich ein Beobachter, ein Chronist der Zeit.

Noch bevor es zur Währungsunion kam, hatte ich dann schon die Kontakte zum ›Spiegel‹ in Ost-Berlin und zu einer Redaktionsmitarbeiterin des ›Stern‹. Da musste ich laufend nach Berlin. Wer nimmt das, was man fotografiert hat? Wer nimmt Bilder und druckt sie? Das Verrückte war: Die, die Bilder gekauft haben, wussten nicht, wohin sie das Geld überweisen sollten. Also musste ich ein Konto eröffnen, ein Westkonto. Keiner hat es in West-Berlin gemacht – nur die Deutsche Bank. Dort konnte ich dann ein Sparbuch anlegen mit Adresse in Bautzen und dorthin sind dann die Honorare geflossen.

Alle, die ein Haus hatten, haben die Möglichkeit genutzt und modernisiert. Schrankwände wurden weggehauen und Baumärkte gestürmt. Die Leute wurden bestärkt, in einen Kaufrausch und Modernisierungsrausch zu verfallen. Autos wurden abgegeben. Hauptsache West. So war das.

Aus einigen Langzeitprojekten, an denen ich fotografisch auf den Dörfern gearbeitet habe, habe ich mich 1990/1991 zurückgezogen. Weil man zu einer Art Sozialarbeiter wurde. Man hörte sich eigentlich immer die Probleme anderer an und konnte nicht mehr arbeiten. Es kam eine Gesellschaft mit vielen Versprechungen, vielen Verlockungen, vielen Möglichkeiten, die sich aber nur einlösten, wenn man das Geld hatte. Wir sind bodenständig geblieben und haben das gekauft, was wir brauchten. Für die Arbeit, für das Leben. Und wir hinterlassen den Kindern trotzdem mehr, als wir vorher hatten.«

Foto: Rolf Dvoracek

Der Festsaal Krone als Verkaufssaal. 9. Juni 1990.

Foto: Rolf Dvoracek

Der Fotograf Rolf Dvoracek gibt diesem Bild den Titel »Nachholbedarf« (1990 auf dem Hauptmarkt in Bautzen).

Regina Bernstein
Jahrgang 1949

Regina Bernstein wächst in einer großen Familie in Leipzig auf und absolviert nach der Schule eine Lehre im Töpferhandwerk. Danach studiert sie und wird Ingenieurin für Sintertechnik. Die Liebe führt sie nach Bautzen. 1973 beginnt sie ihre Arbeit als Technologin im Elektroporzellanwerk Margarethenhütte Großdubrau, 12 Kilometer nördlich von Bautzen. 1991 wird ihr dort gekündigt. Das Werk wird geschlossen. Seit 1993 ist sie selbstständig: Sie übt ihr ursprüngliches Handwerk, das Töpferhandwerk, bis heute in ihrer eigenen Werkstatt aus. Sie ist außerdem Dozentin innerhalb der Ausbildung in Heilberufen im Handwerk Ton.

Die Töpferin auf dem Markt – das ist Regina Bernstein. So (er)kennen sie viele in Bautzen. Heute gibt es ein Museum auf dem Gelände ihrer einstigen Arbeitsstätte, der Margarethenhütte. Sie ist Vorstandsmitglied im dortigen Förderverein und selbst zu einer Chronistin geworden. Sie führt und dokumentiert Gespräche mit Menschen, die einst wie sie selbst in diesem Werk arbeiteten.

Quelle: Still aus dem Dokumentarfilm »Ein Teppich aus Persien«

»Es ist politisch gar nicht gewollt, dass etwas gerettet wird«

»Mir ist es wichtig, diese Geschichte zu erzählen, weil so lange gar nicht darüber geredet wurde. Ich habe die Erinnerung, dass es 1990/91 bei mir so war, dass ich mich um so viel Anderes kümmern musste, so viele Dinge lernen musste, dass ich niemals darüber nachgedacht hatte, etwas zu verarbeiten oder aufzuschreiben. Das wurde einfach geschluckt. Und das hat man eben 30 Jahre geschluckt. Vor vier Jahren ist mir dieser Kloß wieder hochgekommen. Seit ich auf diesem Kloß herumkaue, ist er kleiner geworden. Es ist diese Wut von damals. Denn ich habe das nicht haben wollen, wie das gelaufen ist, die Wiedervereinigung: Der Betrieb, in dem ich gearbeitet habe, ist liquidiert und auseinandergenommen worden.

Wir haben damals Isolatoren gefertigt, in der Margarethenhütte Großdubrau. Ich habe dort als Technologin gearbeitet von 1973 bis 1990. Eigentlich gab es im Betrieb immer ein gemeinsames Ziel, das man hatte. Es war ein alter Betrieb, aber es wurde investiert. Bis 1987 sind viele Millionen DDR-Mark hineingeflossen. Nach der politischen Wende hieß es, wir müssten umstrukturieren, vereinfachen und auslagern. Da war so eine Ellenbogen-Mentalität entstanden. Bis dato hatte man gemeinsam etwas entwickelt und gemacht. Es gab da kein Konkurrenzdenken. Es ging nicht um Karriere. Aber dann ging das los. Jeder wollte jetzt der Beste sein, jeder wollte sich mehr hervortun. Es war so ein komisches Gerangel untereinander, was da entstanden ist.

Mit unseren modernen CNC-gesteuerten Maschinen hätten wir ganz Europa mit Porzellanmassen versorgen können. Aber es gab in Europa und in der alten Bundesrepublik schon genügend Betriebe, die diese Isolatoren herstellen konnten und da wollte man keinen Betrieb in Ostsachsen haben, der mit so einer Kapazität produzieren kann. Man hat uns nicht gebraucht und wir waren eine Gefahr für die anderen. Am 5. Dezember 1990 ist uns in einer Belegschaftsversammlung verkündet worden, dass der Betrieb geschlossen wird. Ich war sofort auf Kurzarbeit Null. Meine technologische Arbeit wurde nicht mehr gebraucht. Uns wurde zum 30. Juni 1991 gekündigt. Also hatte ich ein halbes Jahr mein Gehalt und musste nicht arbeiten. Das fand ich damals zunächst gar nicht so schlecht, weil es im Betrieb sehr anstrengend wurde. Ich war froh, dass ich zu Hause bleiben konnte und diese Abwicklung nicht mitmachen musste.

Wir hatten auch einen Werksdirektor, der nicht gekämpft hat. Sondern er hat geduldet, dass da nichts mehr passiert. Ein Kollege von uns hat sich das Leben genommen, ein Schlosser. Die Maschinen, die er jahrelang repariert hatte, musste er nun abbauen. Die wurden nach Ungarn und nach Chile verkauft. Der hat das nicht ausgehalten. Aber die meisten von uns haben funktioniert. Wir haben das einfach gemacht, wir wollten ja auch arbeiten. Wenn man sein eigenes Grab schaufelt, ist das schon eigenartig, wenn man später darüber nachdenkt. Denn in dem Moment, wo man schaufelt, denkt man nicht darüber nach. Man hat immer geguckt, wie es weitergeht.

Nachdem diese Kurzarbeit Null vorbei war, bin ich in so eine Arbeitsbeschaffungsmaßnahme in Großdubrau gegangen und danach in eine Ingenieurgesellschaft. Zwei Herren aus dem Schwäbischen haben investiert in diese GmbH. Dort sind Dinge passiert, die man nur zugelassen hat, weil es den Gedanken gab, vielleicht wird ein Arbeitsplatz daraus, vielleicht entwickelt sich etwas. Es musste ja weitergehen. Ich bin dort so gedemütigt worden. Wir alle.

Als in Großdubrau die Maschinen schon weg waren, hatten wir eine Große Anfrage an die Bundesregierung formuliert. Werner Schulz vom Bündnis 90/Die Grünen kontrollierte im September 1991 die Arbeit der Treuhand in den Betrieben. Daraus ist eine Große Anfrage an die Bundesregierung zur Arbeit der Treuhand am Beispiel Margarethenhütte und an anderen Beispielen entstanden. Mit dem Antrag sollte ein Untersuchungsausschuss zur Arbeit der Treuhand ins Leben gerufen werden. Wir sind zu dieser Debatte zu dritt nach Bonn in den Bundestag gefahren. Dort ist meine politische Wut entstanden. Zum Beispiel hat der Herr F. von der FDP in seinem Statement von der Margarethenhöhe und nicht von der Margarethenhütte geredet. Der wusste überhaupt nicht, wovon er spricht. Die Margarethenhöhe ist ein thermischer Betrieb bei Bonn. Für mich entstand der Eindruck, dass die Herren sich dort gar nicht mit der Sache beschäftigt haben. In dem Moment habe ich begriffen: Es ist politisch gar nicht gewollt, dass etwas gerettet wird.

Später habe ich mich bei einem tollen Projekt beworben, das in Bautzen gelaufen ist. Frauen wurden in die Selbstständigkeit geführt. Die Gleichstellungsbeauftragte der Stadt, die Andrea Keller, hatte mir das so nebenbei erzählt. Und als uns rückwirkend gekündigt wurde von dieser GmbH, in der ich arbeitete, konnte ich noch ins Projekt einsteigen. Ich bin geschult worden und habe ein Konzept für meine Selbstständigkeit entwickelt: Töpferei. Das lag bei mir nahe, denn ich bin Töpferin und habe Sintertechnik studiert. Also habe ich mich wieder mit meinem Handwerk, dem Töpferhandwerk, auseinandergesetzt. Im März ging das los, im Oktober war das zu Ende und am 6. Dezember 1993 hatte ich meinen Start in die Selbstständigkeit als Töpferin. Bis heute ernährt mich mein Handwerk.

Ich sehe diese Zeit von damals als eine Zeit, wo unsere Arbeitskraft oder unsere Vergangenheit einfach lächerlich gemacht und uns eingeredet wurde, es tauge alles nichts. Ich habe bei diesem Frauenprojekt Folgendes erlebt: Unsere Trainerin Michelle hat mir die Aufgabe gegeben, aufzuschreiben, was ich alles gut kann. Es ging darum, dass ich mich neu erfinde als selbstständige Töpferin. Was konnte ich gut? Ich musste dort sitzen, alle anderen waren schon weg. Und ich gestehe, dass ich mich nur über meine Arbeit in Großdubrau definiert habe. Ich habe mich so klein gefühlt! Auch weil ich mich geschämt habe, denn ich wusste nicht, was ich aufschreiben soll. Da hat es mich gegruselt. Michelle musste mir sagen, dass ich ein Mensch bin, der ja wohl mehr kann, als das, was ich in Großdubrau gemacht habe. Ich selbst habe das für mich nicht klargekriegt. Als sie mit mir sprach, habe ich überlegt: Was von dem, was ich kann, hat einen Wert?«

Quelle: Förderverein Margarethenhütte Großdubrau e.V.

Februar 1992: Frau Bernstein, Herr Lange, Herr Zähr protestieren vor dem Bundeskanzleramt gegen die Politik und die Arbeit der Treuhand.

Glossar

Aktuelle Kamera
Die Aktuelle Kamera war die tägliche Nachrichtensendung des DDR-Fernsehens. Die Sendung spiegelte die Politik der SED wider und war ein wichtiges Propaganda-Instrument. Die Sendung brachte ausführliche Erfolgsmeldungen zur Planerfüllung in Industrie und Landwirtschaft, berichtete über offizielle Anlässe (Parteitage, Staatsbesuche, Ordensverleihungen, Besuche von Funktionären in Betrieben). Die Berichterstattung der Aktuellen Kamera unterstand direkt der Agitationskommission des ZK der SED, die die tägliche Berichterstattung festlegte. Die Aktuelle Kamera genoss kaum Popularität, weil der Informationsgehalt gering war und der DDR-Alltag beschönigt wurde.

Baganz, André
André Baganz versuchte, im August 1981 aus der DDR zu fliehen. Der Fluchtversuch misslang und Baganz wurde verhaftet. Er wurde in die Untersuchungshaftanstalt des MfS nach Frankfurt (Oder) verbracht, von wo aus er am 20. September 1981 gemeinsam mit drei weiteren Mitgefangenen einen Gefängnisausbruch beging. Dabei wurde ein Polizist erschossen, ein zweiter schwer verletzt. Die Flüchtenden wurden noch am selben Tag von einer Stasi-Spezialeinheit gefasst. André Baganz erhielt eine lebenslange Freiheitsstrafe. Im Mai 1991 kassierte das Bezirksgericht Potsdam das Urteil, weil das Jugendstrafrecht hätte angewendet werden müssen. Am 8. Mai 1991 erfolgte seine Entlassung aus dem Strafvollzug.

Bohley, Bärbel
Bärbel Bohley war Malerin und Bürgerrechtlerin. Sie wurde bekannt als Mitbegründerin und Gesicht des Neuen Forums. Darüber hinaus war sie Mitbegründerin der Gruppe »Frauen für den Frieden« und der »Initiative Frieden und Menschenrechte«, wo sie sich aktiv für die Umsetzung der Menschen-

rechte in der DDR einsetzte. Aufgrund ihrer oppositionellen Aktionen war sie intensiver politischer Verfolgung ausgesetzt und wurde nach erneuter Festnahme durch die Staatssicherheit zur zeitweiligen Ausreise aus der DDR gezwungen. Nach der Friedlichen Revolution setzte sie sich für eine kritische Aufarbeitung des DDR-Unrechts ein und engagierte sich weiterhin politisch. Sie unterstützte den Wiederaufbau im ehemaligen Jugoslawien und lebte bis 2008 in Kroatien. Nach einer Krebsdiagnose kehrte sie nach Berlin zurück, wo sie 2010 verstarb.

Bausoldat
Bausoldaten waren Angehörige der Baueinheiten der Nationalen Volksarmee, die an einem Spaten auf den Schulterklappen zu erkennen waren. Da es in der DDR keinen Wehrersatzdienst gab, war es die einzige Möglichkeit, den Waffendienst zu verweigern. Jeder Wehrpflichtige konnte versuchen, zu den Bausoldaten zu kommen, jedoch konnte dies abgelehnt werden. Vor allem religiöse Gründe wurden anerkannt. Der Dienst als Bausoldat konnte Nachteile für Ausbildung und Karriere haben. Zwischen 1964 und 1989 entschieden sich 27.000 Männer dafür, von denen 15.000 eingezogen wurden.

Biermann, Wolf
Ist ein deutscher Liedermacher und Lyriker, der einem jüdischen kommunistischen Elternhaus entstammt. 1953 siedelt Wolf Biermann als 16-Jähriger von Hamburg in die DDR über, weil er die DDR für das bessere Deutschland hält. 1960 veröffentlicht er erste Lieder und Gedichte. Mit der Zeit wird er ein scharfer Kritiker der SED und erhält deswegen 1965 ein Auftritts- und Publikationsverbot. 1976 hat er nach Jahren die Chance, in Westdeutschland aufzutreten. Doch nach der Konzerttour wird ihm die Wiedereinreise in die DDR verweigert, er wird offiziell ausgebürgert. Die Ausbürgerung Biermanns löste in Ost- und Westdeutschland breite Proteste aus.

Boatpeople
Bezeichnung für Menschen, die in Folge des Vietnamkriegs, der von 1955 bis 1975 in Südostasien herrschte, geflohen waren.

Bückware
Bückware ist eine umgangssprachliche Bezeichnung für besonders gefragte Waren, die nur »unter dem Ladentisch« an gute Bekannte verkauft oder als Tauschgeschäft gehandelt wurden. In der DDR konnten aufgrund der Mangelwirtschaft auch Waren des täglichen Bedarfs zur Bückware werden.

ČSSR
Abkürzung für Tschechoslowakische Sozialistische Republik, die von 1960 bis 1990 auf dem Gebiet der heutigen Staaten Tschechien und Slowakei existierte.

FDGB
Abkürzung für Freier Deutscher Gewerkschaftsbund. Der FDGB war der Dachverband von Einzelgewerkschaften in der DDR. Gewerkschaften in der DDR waren keine Arbeitnehmervertretung gegenüber der Betriebsleitung. Zu ihren Aufgaben gehörte die Gewährleistung der Planerfüllung in den Betrieben, die Kantinenversorgung, die Vergabe von Ferienplätzen und Kuren sowie die Verleihung von Auszeichnungen und Prämien. Der FDGB war auch für die Sozialversicherung zuständig. Der FDGB-eigene Feriendienst war der größte touristische Anbieter in der DDR. Er unterhielt eigene Ferienheime, Feriensiedlungen und Urlauberschiffe wie die »Fritz Heckert«.

Gelbes Elend
Umgangssprachliche Bezeichnung für die heutige Justizvollzugsanstalt Bautzen. In der DDR gab es zwei Haftanstalten: Bautzen I und Bautzen II. Die gelben Backsteine von Bautzen I führten zur umgangssprachlichen Bezeichnung »Gelbes Elend«. Bautzen II war eine Sonderhaftanstalt des Ministeriums für Staatssicherheit. Hier befindet sich seit 1993 die

Gedenkstätte Bautzen zur Erinnerung an die Opfer beider Bautzener Gefängnisse.

Glasnost

Der Begriff Glasnost steht für die von Gorbatschow eingeleitete Politik der Offenheit und Transparenz gegenüber der Bevölkerung der Sowjetunion. Der Partei- und Staatsapparat sollte Entscheidungen transparent kommunizieren, die Medien frei und kritisch darüber berichten können. Die neue Politik trug zur Demokratisierung des gesamten Ostblocks bei, wenngleich Gorbatschow nur die stalinistischen Strukturen auflösen wollte, um einen moderneren Sozialismus aufzubauen.

Gorbatschow, Michail

Michail Gorbatschow war von 1985 bis 1991 Staats- und Parteichef der Sowjetunion. Gorbatschow startete ein breites Reformprogramm, das mit den Schlagworten Glasnost (Offenheit) und Perestroika (Umgestaltung) den Sozialismus retten wollte. Die SED-Führung betrachtete seine Reformbestrebungen kritisch und distanzierte sich davon.

Hager, Kurt

Mitglied des Zentralkomitees und des Politbüros des ZK der SED. Als Chefideologe der SED bestimmte Kurt Hager maßgeblich die Kultur- und Bildungspolitik der SED. 1987 erlangte Hager breite Bekanntheit, weil er in einem Interview die Reformen Gorbatschows für die DDR ablehnte und mit der Frage konterte, ob man seine Wohnung denn neu tapezieren müsse, nur wenn der Nachbar dies tue. Teile der SED-Basis und die breite Bevölkerung der DDR kritisierten diese Sichtweise und im Volksmund entstand der Spottname »Tapeten-Kutte«.

Intershop

Intershop war eine DDR-Einzelhandelskette mit Waren aus dem westlichen Ausland, die nur gegen West-Währung gekauft werden konnten. Das Angebot richtete sich ursprünglich an Besucher und Transitreisende aus dem westlichen Ausland, da DDR-Bürger bis 1974 offiziell kein Westgeld besitzen durften. Die Intershops waren ein Sehnsuchtsort vieler DDR-Bürger, denn sie waren ein Schaufenster in das westliche Warenangebot. Zudem waren sie ein wichtiges Mittel der staatlichen Devisenbeschaffung. Einkaufen konnten die DDR-Bürger hier nur mit »Forum-Schecks«, in die sie das Westgeld vorher umtauschen mussten.

Janka, Walter

Walter Janka war ein deutscher Dramaturg und Verleger. Seit 1953 leitete er den Aufbau Verlag. 1956 wurde Walter Janka verhaftet. Man warf ihm vor, die Absetzung Ulbrichts, freie Wahlen, Meinungsfreiheit und Rechtsstaatlichkeit gefordert zu haben. 1957 wurde Janka wegen Boykotthetze zu fünf Jahren Zuchthaus mit verschärfter Einzelhaft verurteilt. 1960 wurde Walter Janka auf Grund internationaler Proteste vorzeitig aus der Haft entlassen. Nach anfänglicher Arbeitslosigkeit war er ab 1962 als Dramaturg bei der DEFA tätig. 1972 wurde er wieder in die SED aufgenommen. Im Oktober 1989 erschien im Rowohlt Verlag sein Buch »Schwierigkeiten mit der Wahrheit« über seine Haftzeit, das in der DDR schnell Verbreitung fand. Janka wurde sehr populär. Das Urteil von 1957 wurde in einer öffentlichen Sitzung des Obersten Gerichts der DDR im Januar 1990 aufgehoben.

Jugendbrigade

Jugendbrigaden waren Arbeitskollektive, deren Durchschnittsalter nicht über 25 Jahre liegen sollte. Sie fungierten im Rahmen des Wirtschaftsplans als selbstständige wirtschaftliche Einheiten mit eigenen Zielsetzungen. Ihre Erlöse wurden dem »Konto Junger Sozialisten« zugewiesen. Oft waren sie in politische Kampagnen oder im kulturellen Leben der FDJ eingebunden.

Kassiber
Ein Kassiber ist eine im Geheimen übermittelte schriftliche Nachricht eines Gefängnisinsassen entweder an andere Mitgefangene oder an Personen außerhalb des Gefängnisses.

Krone
Die Krone Bautzen ist die Veranstaltungshalle in Bautzen. In der DDR fanden hier Konzerte, Feiern zum Frauentag, Silvester- und Faschingspartys, Betriebsfeiern und anderes statt. Legendär waren auch die Abi-Bälle der Schillerschule und die Vergnügen des Schubert-Chores.

Langer, Edmund
Edmund Langer war als SS-Oberscharführer und Angehöriger der Gestapo an NS-Kriegsverbrechen in Polen beteiligt. Von 1960 bis 1970 arbeitete er als Kreisstaatsanwalt in Schwerin, bis er verhaftet und 1974 wegen seiner Kriegsverbrechen zu lebenslanger Haft verurteilt wurde.

Neues Forum
Das Neue Forum war eine Bürgerbewegung, die am 9./10. September 1989 bei Berlin gegründet wurde. Am 10. September 1989 veröffentlichten 30 Erstunterzeichner aus der gesamten DDR den Aufruf »Die Zeit ist reif – Aufbruch 89«. Darin wurden die Verhältnisse in der DDR kritisiert und Wünsche an die gesellschaftliche Entwicklung geäußert, ohne konkrete politische Forderungen zu stellen. Hauptanliegen war das Einklagen eines »demokratischen Dialogs«. Das Neue Forum verstand sich als »politische Plattform« für diesen Dialog.

Perestroika
Perestroika bezeichnet den von Gorbatschow eingeleiteten Umbau des gesellschaftlichen, politischen und wirtschaftlichen Systems der Sowjetunion. Die Perestroika bezog sich zunächst auf die Zentralverwaltungswirtschaft. So durften Betriebe ab 1987 selbstständig Entscheidungen treffen, was einer Umkehr von der Zentralverwaltungswirtschaft gleich-

kam. Dadurch wurden Elemente der Marktwirtschaft und Formen der Mitbestimmung eingeführt.

PGH

Abkürzung für Produktionsgenossenschaft des Handwerks. Die PGH war eine sozialistische Genossenschaft. Deren Mitglieder waren Handwerker oder Gewerbetreibende. Die PGHs waren ein Mittel, um die wenigen noch verbliebenen Privatunternehmen in der DDR zu zerschlagen. Gegenüber privaten Firmen wurden sie zunächst bevorzugt. Von der Zusammenarbeit in einer PGH erhoffte man sich aber auch eine effizientere Produktion als im Privatbetrieb. Die Mitglieder schlossen sich zusammen, um Nutzflächen, Gebäude, Maschinen oder Werkzeuge gemeinschaftlich zu nutzen. Die Mitgliedschaft war offiziell zwar freiwillig, aber viele wurden in die PGH gedrängt.

RIAS

Abkürzung für Rundfunk im amerikanischen Sektor. Der Sender wurde 1946 von der amerikanischen Militäradministration als unabhängige Gegenstimme zum sowjetisch kontrollierten Berliner Rundfunk gegründet. Als »freie Stimme der freien Welt« orientierte sich der RIAS in seinem Programm vor allem an den Bedürfnissen der DDR-Bürger. Für viele Ostdeutsche war der RIAS die einzige unabhängige Informationsquelle. Die SED stellte RIAS-Hören unter Strafe und behinderte später den Empfang des »Feindsenders« durch den Einsatz von Störsendern.

RGW

Abkürzung für Rat für gegenseitige Wirtschaftshilfe. Der RGW war ein wirtschaftlich orientierter Zusammenschluss von sozialistischen Staaten unter Führung der Sowjetunion, der die Aufgabe hatte, eine bessere Arbeitsteilung und effizientere Spezialisierung zwischen den Staaten zu erreichen und die wirtschaftlichen Bedingungen im Ostblock anzugleichen. Der RGW wurde 1991 als Folge der politischen Veränderungen aufgelöst.

Runder Tisch
Die »Runden Tische« wurden Ende 1989 in der DDR zu Symbolen für den Aufbruch in die Demokratie: Hier kamen DDR-Oppositionelle mit den SED-Kadern ins Gespräch und handelten die Modalitäten für einen friedlichen Übergang in die Demokratie aus. Vom 7. Dezember 1989 bis zum 16. März 1990 kam der »Zentrale Runde Tisch« der DDR fast wöchentlich in Berlin zusammen. Die damalige DDR-Regierung fasste mit Vertretern der Bürgerbewegung wegweisende Beschlüsse (freie Wahlen, Auflösung des MfS).

Schatrow, Michail
Michail Schatrow war ein sowjetischer Dramatiker, der sich in seinen Stücken kritisch mit der Geschichte der Sowjetunion und dem Sozialismus auseinandersetzte. Seine Stücke wurden in vielen Theatern in der DDR inszeniert.

Schwedt
Schwedt war ein Militärgefängnis. Gründe für eine Inhaftierung waren Körperverletzung, Diebstahl, politische Delikte sowie Befehlsverweigerung, Fahnenflucht oder Alkohol im Dienst. Delikte wurden oft als Vorwand genutzt, um Widerspruch jedweder Art zu bestrafen. 1982 wurde die Disziplinareinheit geschaffen. Standort-Kommandeure erhielten so die Möglichkeit, eigenmächtig einen bis dreimonatigen Disziplinardienst ohne gerichtliche Prüfung zu verhängen. Diese Form der Bestrafung hatte hohes Willkürpotenzial und war von den Rekruten gefürchtet. Allein der Name »Schwedt« löste Angst und Schrecken aus. Obwohl es kaum Informationen gab, kreisten viele Gerüchte über die unmenschlichen Bedingungen. Schwedt hatte einen festen Platz in der Alltagskultur der Soldaten. So versahen Entlassungskandidaten die Zahl 133 auf ihrem Bandmaß mit einem Gitter, weil Schwedt die Postleitzahl 1330 hatte. Die in Schwedt verbrachte Zeit wurde nicht auf die Wehrdienstzeit angerechnet, sondern musste nachgedient werden.

Seidau
Der Bautzener Stadtteil Seidau, vorwiegend am linken Ufer der Spree gelegen, war bis 1922 ein eigenständiger Ort. Das Stadtviertel liegt nördlich der Bautzener Altstadt und endet im Süden unter der Mühlbastei am ehemaligen Standort der Ratsmühle. Durch die Lage direkt am Fluss ist die Seidau hochwassergefährdet.

Sinn und Form
Name einer Zeitschrift für Literatur und Kultur, die von der Akademie der Künste herausgegeben wurde und noch immer wird. Sie galt in der DDR als verhältnismäßig liberal. Die Zeitschrift stand unter ständiger Beobachtung, wurde aber offenbar nicht zensiert, weil sie viele Leser in Westdeutschland hatte. Stattdessen drohte man Redakteuren nach dem Erscheinen unliebsamer Beiträge Parteiverfahren an. In der Zeitschrift standen die Literatur, philosophische und politische Essays sowie Gespräche mit Autoren, Künstlern und Philosophen im Mittelpunkt.

Solidarność
Polnische Gewerkschaft (Solidarität), die 1980 aus der Streikbewegung hervorging und Vorreiterin des Umbruchs in Polen war. Am 13. Dezember 1981 wurde dort das Kriegsrecht verhängt und die Solidarność verboten. Das führte zu einer katastrophalen Versorgungslage. Die DDR sammelte Hilfsgüter mit der Kampagne »Hilfe für die Kinder Volkspolens«. Die SED-Führung stellte die Solidarność-Bewegung als Konterrevolution dar und die Bevölkerung als Opfer der Bewegung.

Sonntag
Name der Wochenzeitung für Kultur, Politik, Kunst und Unterhaltung, die vom Kulturbund der DDR herausgegeben wurde und von 1946 bis 1990 erschien. Sie gehörte mit 200.000 Exemplaren zu den auflagenschwächeren Wochenzeitungen der DDR.

Sputnik
Der Sputnik war eine sowjetische Zeitschrift, die für das sozialistische und westliche Ausland bestimmt war und als publizistischer Botschafter diente. Sie versammelte Artikel aus allen Bereichen der Gesellschaft, war farbig illustriert und hochwertig gedruckt. Die Redaktion bemühte sich, auf übermäßige sozialistische Rhetorik zu verzichten und systemkritische Blickwinkel einzustreuen. Im Zuge von Glasnost und Perestroika nahm die kritische Berichterstattung zu. DDR-Bürger erfuhren im Sputnik von Gorbatschows Reformen und lasen über Stalins Verbrechen. Die Zeitschrift wurde in der DDR immer begehrter. Als der Sputnik im Herbst 1988 über den deutsch-sowjetischen Nichtangriffspakt berichtete, unterband die DDR-Regierung die Auslieferung der Zeitschrift, was einem Verbot gleichkam. Dies entfachte den Unmut in der DDR. Das Wort »Sputnik« wurde zum Synonym für die unterdrückte Meinungs- und Pressefreiheit.

Subbotnik
Der Begriff Subbotnik stammt aus der Sowjetunion und bezeichnet einen unbezahlten Arbeitseinsatz am Sonnabend (subbota = Sonnabend). Die Bezeichnung wurde in den DDR-Sprachgebrauch übernommen. Dort war der Subbotnik allerdings nicht nur auf Arbeitseinsätze am Sonnabend beschränkt.

VBK
Abkürzung für Verband Bildender Künstler der DDR. Der VBK war mehr als eine reine Berufsorganisation. Er diente dazu, die staatliche Kunstpolitik durchzusetzen. Aufnahmevoraussetzung war ein abgeschlossenes künstlerisches Studium oder eine Prüfung. Die Mitgliedschaft war für Künstler existentiell, weil sie nur so Zugang zum staatlichen Kunsthandel erhielten. Öffentliche Aufträge wurden nur an VBK-Mitglieder vergeben. Nur sie waren berechtigt, freischaffend zu arbeiten, einen begünstigten Steuersatz und das Auftragswesen mit seinen Ausstellungs- und Verkaufsmöglichkeiten zu nutzen.

Ebenso war die Versorgung mit Materialien, der Zugang zu Werkstätten und die Vergabe von Kunstpreisen an eine Mitgliedschaft geknüpft.

Zionskirche
Seit 1986 bot die Berliner Zionskirche Raum für oppositionelle Gruppen. In den dortigen Kellerräumen druckte der »Friedens- und Umweltkreis in der Zionsgemeinde« heimlich die »Umweltblätter«, unterhielt die Umwelt-Bibliothek und führte Veranstaltungen durch. Mahnwachen und andere Proteste gegen eine Hausdurchsuchung der Stasi und Festnahmen in der dort angesiedelten Umwelt-Bibliothek im November 1987 machten die Kirche und den dortigen Widerstand gegen das DDR-Regime auch über Berlin hinaus bekannt.

Foto: Susanne Beyer

Bettina Renner, Jahrgang 1974, ist in Bautzen geboren und aufgewachsen. Nach Jahren des Unterwegsseins im In- und Ausland lebt sie heute in Berlin und Bautzen.

Seit 2006 ist sie als Regisseurin, Autorin und Dozentin tätig. Ihre Dokumentarfilme wurden ausgezeichnet und auf internationalen Filmfestivals gezeigt. Immer wieder realisiert sie Projekte in ihrer alten Heimat Bautzen und der Umgebung.